NOTICE

DES LIVRES

*De M. * * * dont la vente se fera en sa maison, rue Sainte-Croix de la Bretonnerie, vis-à-vis la rue Bourtibourg.*

N°. I. 57 *vol. in-4°. in-8°.* & *in-12.* dont :

Recueil *A* jusques & compris *&*, *Fontenoy* & *Paris*, 1745, 7 *vol. in-12. rel. en parchemin.*

M. Hospitalii Carmina. *Amstelodami*, 1732, *in-8°.*

Descriptio portûs & urbis Polæ, ab A. de Ville. *Venetiis*, 1633, *in-4°. fig.*

Eléments de Géométrie, par Clairaut, *Paris*, 1753, *in-8°. fig.*

Recherches Historiques, concernant les droits du Pape sur la ville d'Avignon, avec les preuves, 1768, 2 *vol. in-8°. rel. en par.*

Recherches sur l'époque de l'Équitation, & de l'usage des chars équestres chez les Anciens. *Marseille*, 1764, *in-8°. vel. v.*

Scaligeri liber de Subtilitate, ad H. Cardanum, *Lutetiæ*, 1557, *in-4°. rel. en par.*

A

Discours de l'Abus des Justices de Village. *Paris*, 1603, *in*-12, *rel. en vel.*

Méthode Angloise & Françoise, par Rogissart. *Londres*, 1701, *in*-12.

L'Ordre tenu en l'Assemblée des Etats en la Ville de Tours, par Charles VIII. *Paris*, 1558, *in*-12.

Dictionnaire du Commerce. *Paris*, 1761, 2 *vol. in*-8°.

Traité sur le Bonheur public, par Muratori. *Lyon*, 1772, 2 *vol. in*-12.

Lettre d'un Dominicain sur les Cérémonies de la Chine, & pièces y relatives. *Cologne*, 1700, *in*-12.

Bibliographie Médicinale raisonnée. *Paris*, 1756, *in*-12.

Recueil de Pièces touchant l'affaire des Princes légitimes & légitimés. *Rotterdam*, 1717, 4 *vol. in*-12.

A. C. Agrippa della Vanita, delle Scienze, tradotto per L. Dominiche. *In Venetia*, 1549, *in*-12.

IV. Les Comédies de Térence avec la traduction de Madame Dacier. *Amsterdam*, 1747, 3 *vol. in*-12. *fig.*

Eléments de la Philosophie moderne, par Massuet. *Amst.* 1752, 2 *vol. in*-12. *fig.*

Les Mœurs des Germains & la Vie d'Agricola, par Tacite, trad. par Boucher. *Paris*, 1776, *in*-12.

Traduction de quelques Ouvrages de Tacite, par de la Bleterie. *Paris*, 1755, 2 *vol. in*-12.

Les six premiers livres des Annales de Tacite, par le même. *Paris*, 1768, 3 *vol. in*-12.

Los siete libros de la Diana de G. de Montemajor, où sous le nom de Bergers & Bergères sont compris les amours des plus signalés d'Espagne, trad. de l'Espagnol en François. *Paris*, 1613, *in*-8°.

Des vraies & des fausses Idées, par A. Arnauld. *Cologne*, 1683, *in*-12.

Code des Commensaux. *Paris*, 1720, 2 *vol. in*-12.

Institutes du Droit Canonique, traduites en François, par Durand de Maillane. *Lyon*, 1770, 10 *vol. in*-12.

Chartres de la Ville de Tonnerre. *Auxerre*, 1630, *in*-12.

Le Mars François ou la Guerre de France, par Armacanus, 1637, *in*-8°. — Le Mercure Espagnol, ou Difcours contenant les réponses au livre précédent, 1639, *in*-8°. — Défenses des Droits des Rois de France, contre Armacan. *Paris*, 1639, *in*-8°. — Vindiciæ Gallicæ adversus Armacanum. *Parisiis*, 1638, *in*-8°.

Questions décidées sur la justice des armes des Rois de France, par Bessian-Avroy. *Paris*, 1634, *in*-8°.

Grammaire Angloise & Françoise, par Miege & Boyer. *Paris*, 1756, *in*-12.

Les Saisons, Poëme. *Amsterdam*, 1771. — L'Abenaki, Sara Th.... Ziméo, Contes. — Pièces fugitives, *in*-12.

Les Aventures de Robinson Crusoé, *en Anglois*. *Edimbourg*, 1769, *in*-12. *fig*.

Les Caractères de Théophraste, par de la Bruyere. *Paris*, 1750, 2 *vol*. *in*-12.

Essai sur l'Origine des Connoissances humaines. *Amsterd*. 1746, 2 *vol*. *in*-12.

Traité des Systêmes. *La Haye*, 1749, 2 *vol*. *in*-12.

Traité des Sensations, par de Condillac. *Paris*, 1754, 2 *vol*. *in*-12.

Essai sur le Beau. *Paris*, 1760, *in*-12. — Le même. *Paris*, 1763, 2 *vol*. *in*-12.

V. Histoire du Ciel, par Pluche. *Paris*, 1765, 2 *vol*. *in*-12. *fig*.

Les Entretiens Physiques, par le P. Regnault. *Paris*, 1755, 5 *vol*. *in*-12.

De l'Ame des bêtes. *Lyon*, 1676, *in*-12.

Petri Pomponatii tractatus de Immortalitate animæ, 1534, *in*-12.

Les Jardins, Poëme en quatre Chants, par le P. Rapin, traduction libre. *Paris*, 1773, *in*-12.

Mélanges Philosophiques, par Formey. *Leyde*, 1754, 2 *vol*. *in*-12.

Surdus loquens, studio Joh. Conradi Amman. *Amstelodami*, 1692, *in*-12.

Dissertatio de Loquela surdi & muti, auctore Joh Conrado Amman. *Amstelodami*, 1700, *in*-12.

Réponse à l'Hist. des Oracles, de Fontenelle. *Strasbourg*, 1709, 2 *vol*. *in*-12.

Cours de Belles-Lettres. *Paris*, 1747, 4 *vol. in*-12.

Lettres ſur l'Education des Princes, avec une lettre de Milton. *Edimbourg*, 1746, *in*-12.

L'Art des Expériences, par Nollet. *Paris*, 1770, 3 *vol. in*-12. *fig.*

La France Littéraire. *Paris*, 1769, 3 *vol. in*-12. *r. en p.*

Traité du Gouvernement ſpirituel & temporel des Paroiſſes, par Jouſſe. *Paris*, 1769, *in*-12.

Nouveau Commentaire ſur l'Ordonnance Civile de 1667, par le même. *Paris*, 1757, 2 *vol. in*-12.

Commentaire ſur l'Edit d'Avril 1695, concernant la Juriſdiction Eccléſiaſtique, par le même. *Paris*, 1764, 2 *vol. in*-12.

Traité des Fiefs à l'uſage de la Province de Normandie, par de la Tournerie. *Rouen*, 1772, *in*-12.

Inſtitution au droit Eccléſiaſtique, par Fleury. *Paris*, 1767, 2 *vol. in*-12.

Hiſtoire de l'Origine & du Progrès des revenus Eccléſiaſtiques, par Acoſta. *Baſle*, 1706, 2 *vol. in*-12.

Mémoires ſur les Foys & Hommages de la Province de Bretagne, par Gerard Mellier. *Paris*, 1715, *in*-12.

Code des Seigneurs Hauts-Juſticiers & Féodaux, par Henriquez, 1771, *in*-12.

Inſtituts au droit Coutumier du Duché de Bourgogne. *Dijon*, 1697, *in*-12.

Code Municipal. *Paris*, 1761, *in*-12.

Eſprit des Coutumes du Bailliage de Senlis, par P. F. de la Foreſt. *Paris*, 1771, *in*-12.

VI. Les Commentaires de Ceſar, avec le texte à côté. *Paris*, 1766, 2 *vol. in*-12.

Traité des Majorités Coutumieres. *Paris*, 1729, *in*-12.

J. Gott. Heineccii Hiſtoria Juris Civilis Romani ac Germanici. *Argentorati*, 1765, 2 *vol. in*-8°.

Elementa Juris Civilis, eodem autore. *Lauſannæ*, 1766, *in*-12.

Diplomata ſeu Arreſta Henrici II, 1555, *in*-12.

Satyre de Petrone, trad. par Boispreaux. *La Haye*, 1742, 2 *vol. in*-8°.

Essai sur la conformité de la Médecine des anciens & des modernes, par M. J. Barker, trad. en François par R. Schomberg. *Amsterd.* 1749, *in*-12. *r. en parch. verd.*

Essai sur la Marine des anciens, par Deslandes. *Paris*, 1768, *in*-12. *fig.*

Recueils de Mémoires de Chymie & d'Histoire Naturelle, contenus dans les Actes de l'Académie d'Upsal, trad. du Latin & de l'Allemand. *Paris*, 1764, 2 *vol. in*-12.

Traité des différentes sortes de Preuves qui servent à établir la vérité de l'Histoire, par H. Griffet. *Liege*, 1769, *in*-12.

Satyres du Prince Cantemir, traduites du Russe en François. *Londres*, 1750, *in*-12.

M. Anneii Lucani de Bello Civili libri decem. *Lutetiæ*, *ex offi. R. Stephani*, 1545, *in*-12.

Les Poësies d'Horace, traduites en François par Batteux, avec le texte à côté. *Paris*, 1763, 2 *vol. in*-12.

Traité d'Optique, par Newton, traduit de l'Anglois par Coste. *Amsterdam*, 1720, 2 *vol. in*-12.

Essai sur la différence du nombre des hommes, traduit de l'Anglois de Wallace, par Joncourt. *Lond.* 1754, *in*-8°.

Réflexions critiques sur la Poësie & sur la Peinture, par Dubos. *Dresde*, 1760, 3 *vol. in*-12.

Traité des Finances & de la fausse Monnoie des Romains. *Paris*, 1740, *in*-12.

Dialogues des Morts, par Lyttleton, & traduits de l'Anglois, par J. Deschamps. *Londres*, 1760, *in*-8°.

Le Tableau des Armoiries de France, par P. Moreau. *Paris*, 1609, *in*-8°.

Traité des Etudes Monastiques, par J. Mabillon. *Paris*, 1691, *in*-8°.

Essai sur la Population de l'Amérique. *Amsterdam*, 1767, 4 *vol. in*-12.

Recherches critiques & historiques sur les Progrès de la Chirurgie en France. *Paris*, 1744, 2 *vol. in*-12.

VII. Œuvres de Potier, 20 *vol. in*-12. *On les détaillera si on le desire.*

Regles du Droit François, par Poquet de Livonniere. *Paris*, 1737, *in*-12.

Traité des Provisions de Cour de Rome, par Pialès. *Paris*, 1756, 2 *vol. in-12.*

Traité des Droits Seigneuriaux, par Boutaric. *Par.* 1746, *in-12.*

Les Lettres Provinciales. *Cologne*, 1738, *in-12.*

VIII. Histoire Naturelle, par M. de Buffon. *Paris*, 1752, 48 *vol. in-12. fig.*

Instruction sur les Conventions. *Paris*, 1766, *in-12.*

Coutumes d'Angoumois, par Gandillaud. *Paris*, 1592, *in-8°.*

Remontrances aux Peuples de Flandres, avec les Droits du Roi sur leurs Provinces. *Paris*, 1642, *in-8°.*

De l'Origine du Droit d'Amortissement, par de Lauriere. *Paris*, 1692, *in-12.*

Du bel Esprit. *Paris*, 1695, *in-12.*

Les Principes de la Langue Angloise, par Peyton. *Lond.* 1758, *in-12. r. en p.*

IX. Apologie de la Religion Chrétienne, par Bergier. *Paris*, 1769, 2 *vol. in-12.*

Institution au Droit François, par Argou. *Paris*, 1771, 2 *vol. in-12.*

Droit Public de France, par Fleury, publié par Daragon. *Paris*, 1769, 2 *vol. in-12. r. en p. v.*

L'Adolescence Clementine, ou Œuvres de Clement Marot. *Anvers*, 1539, *in-12.*

Opere Filosofiche Italiane di G. Gualberto de Soria. *In Lucca*, 1750, 2 *t. en* 1. *vol. in-12.*

La Philosophie du bon sens. *La Haye*, 1747, 2 *vol. in-12.*

Systême de l'Univers, par Gautier. *Paris*, 1750, 2 *vol. in-12.*

Dialogo sopra le ragioni della Regina Christ. — Traité des Droits de la Reine sur divers Etats d'Espagne. — Le même, en Espagnol, 1767, 3 *vol. in-12.*

Philippiques de Demosthenes, & Catilinaires de Ciceron, traduites par d'Olivet. *Paris*, 1744, *in-12.*

Traité de la formation méchanique des Langues, & des Principes physiques de l'étymologie. *Par.* 1765, 2 *vol. in-12.*

Synonymes

Synonymes François, par Girard. *Genève*, 1762, *in*-12.

Synonymes Latins, par Gardin Dumesnil. *Paris*, 1777, *in*-12.

Grammaire Françoise, par Wailly. *Paris*, 1763, *in*-12.

Remarques sur la Langue Françoise, par Vaugelas. *Paris*, 1687, 2 *vol. in*-12. — Nouvelles Remarques. *Paris*, 1690, *in*-12. — Lettres touchant les nouvelles Remarques. *Paris*, 1647, *in*-12.

Grammaire générale & raisonnée, par Duclos. *Paris*, 1756, *in*-12.

Logique & Principes de Grammaire, par du Marsais. *Par.* 1769, 2 *vol. in*-12.

Principes de la Langue Françoise, par Girard. *Par.* 1757, 2 *vol. in*-12.

La Méchanique des Langues, par Pluche. *Paris*, 1751, *in*-12.

Traité de la Poésie Françoise, par Mourgues. *Par.* 1729, *in*-12.

Regles de la Poésie Françoise, par de Chalons. *Paris*, 1716, *in*-12.

X. Dictionnaire portatif de Jurisprudence, par la Combe. *Paris*, 1763, 3 *vol. in*-8°.

Les Privileges des Habitans de Montargis-le-Franc, 1672, *in*-8°.

De l'Origine des Magistrats & des Jurisconsultes. *Paris*, 1674, *in*-12.

Satyre de Petrone, trad. en François, avec le texte Latin. *Cologne*, 1694, 2 *vol. in* 12. *fig.*

Rapini Carmina. *Parisiis*, 1723, 3 *vol. in*-12.

Réflexions Politiques sur les Finances & le Commerce. *La Haye*, 1754, 2 *vol. in*-12.

Les six Livres de Mario Equicola d'Alveto, de la Nature d'amour tant humain que divin, mis en François par Chappuis. *Paris*, 1589, *in*-18.

La Jerusalem délivrée, traduite du Tasse, par Conti. *Paris*, 1774, 2 *vol. in*-12.

Les cent premieres Nouvelles & Avis de Parnasse, par Buccalin, trad. par de Fougasses. *Paris*, 1615, *in* 8°.

Les Plans des Maisons de campagne de Pline, Consul, par Felibien. *Paris*, 1699, *in*-12. *fig.*

Principes Philosophiques, pour servir d'introduction à la connoissance de l'Esprit & du Cœur humain. *Amsterd.* 1769, *in*-12.

Observations sur l'Histoire de France, par l'Abbé de Mably. *Genève*, 1765, 2 *vol. in*-12.

Les Annales de Tacite, trad. par Guerin. *Paris*, 1742, 3 *vol. in*-12.

Histoire des Rois de Pologne. *Amsterdam*, 1733, 3 *vol. in*-12.

XI. Les Aventures de Telemaque, en Anglois. *Londres*, *in*-12.

L'Origine des Fontaines. *Paris*, 1674, *in*-12.

Recherches sur l'origine des idées, de la beauté & la vertu, trad. de l'Anglois. *Amsterd.* 1749, *in*-12.

Di Senophonte Ephesio degli amori, di Abrancome e d'Auzia tradotti dal Greco. *In Londra*, 1757, *in*-12.

Traités de Dieu, de l'Immortalité de l'ame, du siege de l'ame au corps humain, par N. de Nancel. *Tours*, 1591, *in*-12.

Ouvrages de Crousaz. *Amsterd.* 1737, 2 *vol. in*-12.

Histoire de la Musique & de ses effets. *Amsterdam*, 2 *vol. in*-12.

Œuvres diverses de Fontenelle. *Amsterd.* 1716, 3 *vol. in*-12.

De la Tolérance des Religions. *Paris*, 1692, *in* 12.

La vie de Gusman d'Alfarache, en Italien. *Venise*, 1606, *in*-12.

Le Temple du Bonheur. *Bouillon*, 1769, 3 *vol. in*-12.

Achillis Statii A. de Clitophontis & Leucippes amoribus libri VIII. *Basileæ*, 1554, *in*-12.

La Cyropédie de Xenophon, traduite du grec, par J. de Vintimille. *Paris*, 1572, *in*-12.

Institutes Coutumieres, par Loisel. *Paris*, 1758, 2 *vol. in*-12.

XII. Agriculture complette, ou l'Art d'améliorer les terres, par de Mortimer. *Paris*, 1765, 4 *vol. in*-12. *fig.*

Pensées diverses à l'occasion de la Comete de 1680. *Rotterdam*, 1721, 4 *vol. in*-12.

L'Origine ancienne de la Physique nouvelle, par le P. Regnault. *Paris*, 1734, 3 *vol. in*-12.

Traité sur la Magie, le Sortilege, &c. *Paris*, 1732, *in*-12.

Histoire de la condamnation des Templiers, par Dupuy. *Bruxelles*, 1713, 2 *vol. in*-12.

Les Aventures du Baron de Fœneste, par Agrippa d'Aubigné. *Amsterd.* 1731, 2 *vol. in*-12.

Le Courtisan prédestiné, ou le Duc de Joyeuse, Capucin, par de Cailliere. *Paris*, 1728, *in*-12.

Histoire des François, de S. Gregoire, Evêque de Tours, trad. par de Marolles. *Paris*, 1668, 2 *vol. in*-8°.

Mélanges d'Histoire & de Littérature, par de Vigneul Marville. *Paris*, 1725, 3 *vol. in*-12.

Traité des Droits Honorifiques, par Marechal. *Paris*, 1762, 2 *vol. in*-12.

Code des Curés. *Paris*, 1736, 2 *vol. in*-12.

Traité de la Pratique de la Cour de Rome, par Castel. *Paris*, 1717, 2 *vol. in*-12.

Décisions sur les Dixmes, par Brunet. *Paris*, 1741, 2 *vol. in*-12.

Théorie des Loix Civiles, par Linguet. *Londres*, 1767, 2 *vol. in*-12.

XIII. Œuvres du Philosophe Bienfaisant. *Paris*, 1763, 4 *vol. in*-12.

Ammien Marcellin, trad. *Lyon*, 1778, 3 *vol. in*-12. *r. en p.*

Recueil des Edits concernant les Charges des Prévôts, Vice-Baillis de France, &c., par Boursier. *Paris*, 1628, *in*-8°.

Essais historiques sur les Loix, traduits de l'Anglois par Bouchaud. *Paris*, 1766, *in*-12.

XIV. Histoire critique de l'Etablissement de la Monarchie Françoise dans les Gaules, par Dubos. *Paris*, 1742, 4 *vol. in*-12.

La Vie & les Sentimens de Lucilio Vanini. *Rotterdam*, 1717, *in*-12.

Syphilis, ou le Mal vénérien, Poëme Latin, par J. Fracastor, avec le texte à côté. *Paris*, 1753, *in-8°. br.*

Cours de Belles-Lettres. *Paris*, 1753, *in-8°.* 4 *vol. br.*

Loix & Constitutions du Roi de Sardaigne, publiées en 1770. *Paris*, 1771, 2 *vol. in-12.*

De l'Origine & Etablissement du Parlement, &c., par de Miraulmont. *Paris*, 1612, *in-8°.*

Mémoires pour servir à l'Histoire de la Province d'Artois, par Harduin. *Arras*, 1763, *in-12. br.*

Mémoires Historiques de la Province de Champagne, par Baugier. *Châlons*, 1721, 2 *vol. in-8°.*

Sermocinatio de styrpe & origine Domûs de Courtenay. *Paris*, 1607, *in-8°.*

Œuvres Philosophiques, ou Démonstration de l'Existence de Dieu, par Fenelon, avec ses Lettres & Sermons. *Amsterd.* 1731, 2 *vol. in-12.*

Histoire de Jovien, par de la Bleterie. *Par.* 1748, 2 *vol. in-12.*

Histoire du Chevalier Bayard, par Guyard de Berville. *Paris*, 1772, *in-12.*

Histoire de la Pucelle d'Orléans, par Lenglet du Fresnoy. *Amsterdam*, 1759, *in-12.*

Mélange Critique de Littérature. *Basle*, 1698, 3 *vol. in-12.*

Bibliotheque Critique, publiée par Sainjore. *Amsterdam*, 1708, 5 *vol. in-12.*

Mémoires & Histoire de l'origine des choses, &c. trad. du latin de Polidore Vergile, par F. de Belleforest. *Paris*, 1582, *in-8°.*

Mémoire Historique & Littéraire, sur le College Royal de France, par Goujet. *Paris*, 1758, 2 *vol. in-12. dor. s. tr.*

Lettres choisies de Simon. *Amsterd.* 1730, 4 *vol. in-12. r. en p. v.*

XV. Œuvres de Chaulieu. *Paris*, 1774, 2 *vol. in 8°.*

Vetera Analecta, cum notis Mabillonii. *Parisiis*, 1675, 4 *vol. in-8°.*

Clypeus nascentis Fontebraldensis Ordinis contra priscos

& novos ejus calumniatores. *Parisiis*, 1684, 2 *vol. in*-8°.

Essai sur l'Histoire des Bourgeoisies du Roi, des Seigneurs & des Villes, par Droz. *Besançon*, 1760. — Mémoires pour servir à l'Histoire de la Ville de Pontarlier. *Besançon*, 1760, *in* 12.

Ancien Droit de l'Evêque de Paris sur Pontoise & le Vexin-François, par Deslions. *Paris*, 1694, *in*-8°.

XVI. L'Origine des Loix. *Paris*, 1759, 6 *vol. in*-12. *fig.*

Lettres sur l'Enthousiasme. *La Haye*, 1709. — Essai sur l'Usage de la raillerie. *La Haye*, 1710, *in* 8°.

Quinte-Curce, traduit par Vaugelas, avec le texte. *Paris*, 1764, 2 *vol. in*-12.

Dissertations Historiques & Critiques sur divers sujets, par Rival. *Amsterd.* 1726, 3 *vol. in*-12.

Abrégé de l'Histoire & du Droit Public d'Allemagne, par Pfeffel. *Paris*, 1766, *in* 8°.

J. Harduini ad Censuram Scriptorum Veterum Prolegomena. *Londini*, 1766, *in*-8°.

Ocellus-Lucanus de la Nature des Dieux, avec la traduction de l'Abbé Batteux. — Timée de Locres, avec la traduction du même. — Lettre d'Aristote à Alexandre sur le Systême du Monde, *en Grec*, avec la traduction du même. — Histoire des Causes premières, par le même, 1769, 2 *vol. in*-8°.

Réflexions Philosophiques sur le Systême de la Nature, par Holland. *Neufchâtel*, 1775, *in*-8°.

XVII. Vies de Grotius, par de Burigny. *Paris*, 1752, 2 *vol. in*-12.

— De Pithou. *Paris*, 1756, 2 *vol. in*-12.

— De Sixte V. *Paris*, 1758, 2 *vol. in*-12.

— Du Pape Alexandre VI, par Gordon. *Amsterd.* 1732, 2 *vol. in*-12.

— Du Cardinal Commendon, par Flechier. *Paris*, 1680, *in*-12.

— Du Cardinal d'Amboise, par Legendre. *Rouen*, 1724, 2 *vol. in*-12.

— D'Erasme, par de Burigny, 17[illegible]. *Paris*, 2 *vol. in*-12.

— De Cassiodore. *Paris*, 1694, *in*-12.
— De Jer. Bignon. *Paris*, 1757, *in*-12.
— Et Quatrains de Pibrac, *in*-12.
— Des Evêques de Coutances. *Coutances*, 1742, *in*-12.
— Ducatiana. *Amsterdam*, 1738, 2 *tom. en* 1 *vol. in*-12.

XVIII. P. de Marca Dissertationes tres à S. Balusio collectæ, *Paris.* 1669, *in*-8°. — Sanctorum Presbyterorum Salviani & Vincentii Opera. *Parisiis*, 1684, *in*-8°. — A. Augustini Dialogorum, libri duo. *Parisiis*, 1672, *in*-8°. — Concilia Galliæ Narbonensis. *Parisiis*, 1668, *in*-8°. — Reginonis Abbatis, libri duo, de Ecclesiasticis Disciplinis, &c. accessit Rhabani Epistola ad Heribaldum. *Parisiis*, 1671, *in*-8°. — Beati Servati Opera. *Parisiis*, 1664. *in*-8°. — M. Mercatoris Opera. *Parisiis*, 1684. — Magistri Stephani Epistolæ Studio du Molinet collectæ Lutetiæ Parisiorum, 1679, *in*-8°. Opuscula P. de Marca. *Parisiis*, 1681, *in*-8°. — Sancti Agobardi Opera, à S. Balusio, notis illustrata. *Parisiis*, 1666, 2 *vol. in*-8°. Hæc omnia Opera notis illustravit Baluzius.

Histoire Civile, &c. de la Ville & du Doyenné de Mondidier, par le P. Daire. *Amiens*, 1765, *in*-12. *fig.*

Histoire de Saint-Quentin, par C. de la Fons. *Saint-Quentin*, 1629, *in*-8°.

Histoire de Théodose le Grand, par Flechier. *Paris*, 1749, *in*-12.

Commercium Epistolicum Leibnitianum, notis D. Gruber illustratum. *Hanoveræ*, 1745, 2 *vol. in*-8°.

XIX. Histoire de Suger. *La Haye*, 1730, 3 *vol. in*-12.
— Défenses de la même Histoire. *Paris*, 1725, *in*-12.

La Vie de Mahomet, traduit de l'Alcoran, par J. Gagnier. *Amsterdam*, 1732, 2 *vol. in*-12, *fig.*

Histoire de P. de Montmaur, par de Salengre. *Amsterd.* 1717, 2 *vol. in*-8°. *fig.*

Histoire du Cardinal Ximenès, par Flechier. *Paris*, 1693, 2 *vol. in*-12.

Histoire de Genève, par Spon. *Genève*, 1730, 4 *vol. in*-12.

Hiſtoire & Antiquités du pays de Beauvaiſis. *Beauvais*, 1631, 2 *vol. in*-8°. — Supplément à la même Hiſtoire, par Simon. *Paris*, 1704, *in*-12. — Remarques de la Nobleſſe Beauvaiſine, par Louvet. *Beauv.* 1640, *in*-8°.

Floriacenſis Vetus Biblioth. autore Joanne à Boſco. *Lugd.* 1605, 2 *vol. in*-8°.

Hiſtoire de Dom Inigo de Guipuſcoa. *La Haye*, 1738, 2 *vol. in*-12.

Diſſertations ſur les Tremblements de terre, & les Irruptions de feu qui empêchèrent l'Empereur Julien de rebâtir le Temple de Jéruſalem, par Warbuton. *Paris*, 1754, *in*-12.

Le grand Aumônier de France, par Rouillard. *Paris*, 1607, *in*-8°.

XX. Les Rivières de France, par Coulon. *Paris*, 1644, 2 *vol. in*-8°.

Deſcriptio Fluminum Galliæ, Opera Papirii Maſſoni. *Pariſiis*, 1618, *in*-8°.

Noei Borguignon de Gui Barôzai. *An Bregogne*, 1738, *in*-12.

Scaligerana, Thuana, &c. *Amſterdam*, 1740, 2 *vol. in*-12.

Lettres Choiſies de G. Patin. *Rotterdam*, 1725, 4 *vol. in*-12. — Ses nouvelles Lettres. *Amſterdam*, 1718. — Naudæana & Patiniana. *Amſterdam*, 1703, *in*-12. — L'Eſprit de Gui Patin. *Amſterdam*, 1709, *in*-12.

Mémoires de la Valette. *Paris*, 1771, 2 *vol. in*-12.

L'Art de peindre, par Watelet. *Paris*, 1760, *in*-12. *fig.*

XXI. Mémoires de Littérature & d'Hiſtoire, par Deſmolets, *Paris*, 1749, 11 *vol. in*-12.

Mémoires d'Hiſtoire & de Littérature, par d'Artigny. *Paris*. 1749, 7 *vol. in*-12.

Hiſtoire du Chriſtianiſme d'Ethiopie & d'Arménie, par la Croſe. *La Haye*, 1739, *in*-12.

Hiſtoire du Chriſtianiſme des Indes, par le même. *La Haye*, 1724, *in*-12.

Hiſtoire de la Vie & des Ouvrages du même, par Jordan. *Amſterdam*, 1741, *in*-12. — Recueil de Littérature, de Philoſophie & d'Hiſtoire, par le même. *Amſt.* 1730.

Mémoires de de Marolles. *Amst.* 1755, 3. *vol. in-12.*
Histoire de la Poésie Françoise, par Massieu. *Paris*, 1739, *in-12.*

XXII. Conférence des Prérogatives de Noblesse de France, par de Rubis. *Lyon*, 1614, *in-8°.*
Essais sur la Noblesse de France, par de Boullainvilliers, *Amsterd.* 1732, *in 8°.*
Histoire des Celtes, par Pelloutier. *La Haye*, 1750, *2 tom. en 1 vol. in-8°.*
Bibliothèque du Poitou, par Dreux du Radier. *Paris*, 1754, 5 *vol. in-12. rel. en par. v.*
Notice de l'Etat de la Province d'Artois. *Paris*, 1748, *in-12.*
La Découverte de la ville d'Antre en Franche-Comté. *Amsterd.* 1709, *in-12.*
Historiæ Remensis Ecclesiæ, libri 4, Autore Flodoardo. *Duaci*, 1617, 2 *vol. in-8°. v. f.*
Tablettes Chronologiques de l'Histoire, par Lenglet du Fresnoy. *Paris*, 1763, 2 *vol. in-8°.*

XXIII. La Science des Médailles, par le P. Jobert, *Paris*, 1739, 2 *vol. in-12. fig.*
Antiquités de la ville de Lyon, par D. de Colonia. *Lyon*, 1701, *in-12. fig.*
Singularités Historiques & Littéraires. *Paris*, 1740, 4 *vol. in-12.*
L'Italia Liberata da' Goti, di Giangiorgio Trissino. *Parigi*, 1729, 3 *vol. in-12.*
De l'Utilité des Voyages, par Baudelot. *Paris*, 1686, 2 *vol. in-12.*
Essai sur les Hiérogliphes des Egyptiens, traduit de l'Anglois de Warburton. *Paris*, 1744, 2 *vol. in-12. fig.*
Histoire Abrégée des Empereurs Grecs & Romains, par Beauvais. *Paris*, 1767, 3 *vol. in-12.*

XXIV. Antiquités de la ville de Soissons, par Lemoine. *Paris*, 1771, *in-12.* — Dissertation sur le Soissonnois, par Biet. *Paris*, 1736, *in-12.* — Dissertation sur l'Etat des Habitants du Soissonnois. *Paris*, 1735, *in-12.* —

Abrégé de l'Hiſtoire de la ville de Soiſſons. *Paris*, 1633, *in*-8°.

Mémoire pour ſervir au Pouillé, & à la Deſcription du Barrois. *Bar-le-Duc*, 1749, *in*-12.

Eſſai ſur les Duchés de Lorraine & de Bar, par Andreu de Biliſteir. *Amſt.* 1762, *in* 12. *rel. en p. v.*

Notitia S. Eccleſiæ Aurelianenſis, & Hiſtoria Epiſcoporum ejuſdem Eccleſiæ, ſtudio Guyon. *Aurelianis*, 1637, *in* 8°.

Les Antiquités & Recherches de la grandeur des Rois de France. *Paris*, 1601, *in*-8°.

Traités des premiers Officiers de la Couronne de France, par A. Favyn. *Paris*, 1613, *in*-8°.

Le Prevoſt de l'Hôtel, par P. de Miraumont. *Paris*, 1615, *in*-8°. — Traité de la Chancellerie, par le même. *Paris*, 1620, *in* 8°. *r. en p.* — De la Souveraineté du Roi, par Savaron. *Paris*, 1620, *in*-8°. — Traité des Confréries, par le même. — Traité de l'Epée Françoiſe, par le même. *Paris*, 1610. — Traité contre les Duels, par le même. — Traité contre les Maſques, par le même. — Traité de l'Annuel & Vénalité des Offices, par le même, *Paris*, 1604, *in*-8°. — Déſenſe, du même Auteur. *Clermont*, 1702, *in*-8°.

Mémoires Hiſtoriques, par Bruys. *Paris*, 1751, 2 *vol. in*-12.

Etat préſent de la République des Provinces-Unies, par M. Janiçon. *La Haye*, 1730, 2 *vol. in*-12.

Mélanges Hiſtoriques & Philologiques, avec des notes, par Michault. *Paris*, 1770, 2 *vol. in*-12.

Mémoires ſur l'ancienne Chevalerie, par de Sainte-Palaye. *Paris*, 1759, 2 *vol. in*-12.

Mélanges Hiſtoriques & Critiques. *Amſterd.* 1768, 2 *vol. in*-12.

Diſſertation ſur les Feſtins des anciens Grecs & Romains. *La Haye*, 1715, *in*-12.

XXV. Variétés Hiſtoriques. *Paris*, 1752, 3 *vol. in*-12.

Variétés ſérieuſes & amuſantes. *Paris*, 1765, 2 *vol. in*-12. *en par. v.*

Ars critica, Epiſtolæ criticæ J. Clerici. *Amſterd.* 1699 & 1700, 3 *vol. in-*12. — Vita ejuſdem. *Amſt.* 1711, *in-*12. — D. Clerici Quæſtiones ſacræ, cum Annotationibus, J. Clerici. *Amſt.* 1685, *in-*12.

Recueil de Pièces ſur la Philoſophie, la Religion Naturelle, l'Hiſtoire, &c. par Leibnitz, Clarke & autres. *Amſterd.* 1740, 2 *vol. in-*12.

Hiſtoire des Dauphins, par le Quien de la Neuville. *Paris*, 1760, 2 *vol. in-*12.

Hiſtoire des Ducs de Bourgogne, par Fabert. *Cologne*, 1689, *in-*12.

XXVI. Code Rural, par Boucher d'Argis. *Paris*, 1774, 3 *vol. in-*12.

Hiſtoire de Bertrand du Gueſclin, par Guyard de Berville. *Paris*, 1767, 2 *vol. in-*12.

Diſſertations ſur différens ſujets, compoſés par Huet. *Florence*, 1738, 2 *vol. in-*8°.

Chronicon Cameracenſe & Atrebatenſe, auctore Balderico. *Duaci*, 1615, *in-*8°.

Recherches pour ſervir à l'Hiſtoire de Lyon. *Lyon*, 1757, 2 *vol. in-*8°.

Deſcription de la Cathédrale de Straſbourg. *Straſbourg*, 1733, *in-*12. *fig.*

Hiſtoire de l'Egliſe de Chartres, par Roulliard. *Paris*, 1609, *in-*8°.

Mémoires ſur la Vie & les Ouvrages de Lenglet du Freſnoy. *Londres*, 1761, *in-*12.

Vie de Mezerai. *Amſterd.* 1726, *in-*12.

XXVII. De l'Eſprit des Loix, par Monteſquieu. *Londres*, 1757, 4 *vol. in-*12.—Le Temple de Gnide.—Eſſai ſur le Goût, *in-*12.

Vie de de Thou. *Amſt.* 1713, *in-*12.

Deſcription de l'Iſle des Hermaphrodites. *Cologne*, 1724, *in-*12.

Les Antiquités des Villes de France, par Ducheſne. *Par.* 1668, 2 *vol. in-*12.

Histoire de l'Eglise de S. Diez. *Saint-Diez*, 1726, 2. *vol. in*-12.

De la Souveraineté du Roi à Metz, par Hersent. *Paris*, 1632, *in*-8°.

Essai sur l'Histoire du Barrois. *Paris*, 1757, *in*-12. *m. r.*

Armorial des Familles de France, par Dubuisson. *Paris*, 1757, 2 *vol. in*-12.

Longueruana. *Berlin*, 1754, 2 *vol. in*-12.

Dissertations mêlées sur divers sujets curieux. *Amst.* 1740, 2 *vol. in*-12.

Recherches curieuses d'Histoire & de Littérature. *Genéve*, 1731, 3 *vol. in*-12.

XXVIII. Les Origines de l'ancien Gouvernement de la France, de l'Allemagne & de l'Italie. *La Haye*, 1757, 4 *vol. in*-12.

L'Art de la Peinture, par du Fresnoy. *Paris*, 1684, *in*-12. *fig.*

Dissertations sur différens sujets de l'Histoire de France, par Bulet. *Besançon*, 1759, *in*-8°.

Introduction à la connoissance des Antiquités Romaines, par Vaslet. *La Haye*, 1723, *in*-8°.

Panégyrique ou Discours sur l'antiquité & excellence du Languedoc. *Beziers*, 1617, *in*-8°.

Les Antiquités de Metz, par D. J. Cajot. *Metz*, 1760, *in*-8°.

Recueil de Pieces d'Hist. & de Littérature. *Paris*, 1731, 2 *vol. in*-12.

Le Droit Public de l'Europe, par l'Abbé de Mably. *Genêve*, 1764, 3 *vol. in*-12.

Histoire des Révolutions d'Espagne, par le P. d'Orléans. *La Haye*, 1734, 4 *vol. in*-12.

Si la torture est un moyen sûr à vérifier les crimes secrets, par A. Nicolas. *Amst.* 1681, *in*-12.

Chronique & Hist. Universelle, sous Charles V, Ferdinand I, Maximilian II, Rodolphe II, 1595, 6 *vol. in*-12.

XXIX. Menagiana. *Paris*, 1715, 4 *vol. in*-12. — Anti-Menagiana. *Paris*, 1693, *in*-12.

Poggiana avec l'Hiſtoire de Florence. *Amſterdam*, 1720, 2 *vol. in*-12. — Valeſiana. *Paris*, 1694, *in*-12. — Hueriana. *Paris*, 1722, *in*-12. — Bolæana, *Amſterd.* 1742, *in*-12. — Furetiriana. *Paris*, 1696, *in*-12. — Arliquiniana. *Paris*, 1694, *in*-12. — Carpentariana. *Paris*, 1724, *in*-12. — Chevræana. *Paris*, 1707, *in*-12.

Le Secret des Finances, par Froimenteau, 1781, *in*-8.

Hiſtoire Critique de l'établiſſement des Bretons dans les Gaules, par Vertot. *Paris*, 1720, 2 *vol. in*-12.

Traité du Comté du Charollois, par de Rymon. *Paris*, 1619, *in*-12.

Diſſertations ſur la Mouvance de Bretagne, par du Moulinet. *Paris*, 1711, *in*-12.

Traité hiſtorique de la Mouvance de Bretagne. *Paris*, 1710, *in*-12.

Hiſtoire de la Ville de Beauvais, par Louet. *Rouen*, 1614, *in*-12.

XXX. Le Roman de la Roſe, par G. de Lorris, avec les Notes de Lenglet du Freſnoy. *Amſterd.* 1735, 4 *vol. in*-12.

Le Codicile d'Or, 1665, *in*-12.

Pindari Olympia, Pythia, g. & lat. 1600, *in*-24.

Mémoires pour ſervir à l'Hiſtoire Naturelle des Provinces du Lyonnois, Forez, &c. par Alleon Dulac. *Lyon*, 1765, *in*-12.

L. A. Senecæ Epiſtolæ. *Amſt.* 1658, *in*-12.

Les Leçons de Pierre Meſſie. *Paris*, 1566, *in*-12.

Traité de l'ame & de la connoiſſance des bêtes. *Amſterd.* 1691, *in*-12.

N. Heinſii Poemata. *Lugd. Bat.* 1653, *in*-12.

XXXI. Hyppocratis Aphoriſmi, g. & lat. *Argent.* 1756, *in*-12.

F. Baconi Philoſophia. *Amſt.* 1653, *in* 12.

XXXII. Dictionnaire François - Breton. *Leide*, 1744, *in*-12.

D. Eraſmi adagiorum Epitome. *Amſt.* 1650, *in*-12.

H. Magii de Tintinnabulis liber. *Amst.* 1664, *in*-12. — Ejusdem de Equuuleo liber. *Amst.* 1664, *in*-12.

XXXIII. Histoire du Duché de Nivernois, par Coquille. *Paris*, 1612, *in*-4°.

Traité historique des Eaux & Bains de Plombieres, par Dom Calmet. *Nancy*, 1748, *in*-4°.

XXXIV. Recueil de la Noblesse de Bourgogne, par le Roux. *Lille*, *in*-4°.

L'Anastase de Langres, par Gaultherot. *Langres*, 1649, *in*-4°.

La grande & merveilleuse & très-cruelle oppugnation de la noble Cité de Rhodes. *Paris*, 1625, *in*-4°.

Traité du Droit de l'Equivalent établi dans le Languedoc, par de la Coste Romain. *Toulouse*, 1616, *in*-4°.

Mémoires contenant ce qu'il y a de plus remarquable dans Villefranche, *in*-4°.

De Puella quæ sine cibo & potu vitam transigit, brevis narratio. *Moguntiæ*, 1542, *in*-4°.

XXXV. Les Tours de Maître Gonin. *Amsterdam*, 1734, *in*-8°.

Les Jeux de J. A. de Baif. *Paris*, 1572, *in*-8.

XXXVI. Les Aventures de Telemaque, par de Fenelon. *Paris*, 1729, 2 *vol. in*-12. *fig.*

Recueil des plus curieux & rares secrets, par Duchesne. *Paris*, 1648, *in*-12.

Apologie pour tous les grands Hommes accusés de Magie, par Naudé. *Paris*, 1669, *in*-12.

Mémoires du Colonel Lauwrence. *Amsterd.* 1766, 2 *vol. in*-12.

XXXVII. Le Cabinet du Roi de France, dans lequel il y a trois perles précieuses d'inestimable valeur, 1682, *in*-12.

Journal d'un Voyage qui contient différentes Observations minéralogiques, particulierement sur les agates, par Collini. *Manheim*, 1776, *in*-12.

Les Œuvres de Cirano de Bergerac. *Amsterd.* 1710, 2 *vol.* *in*-12.

XXXVIII. Les Œuvres de Rabelais, 1732, 5 *vol. in*-8°.

Histoire du Cardinal de Richelieu. *Paris*, 1665, 3 *vol. in*-12.

Diogene Laerce, de la Vie des Philosophes. *Paris*, 1668, 2 *vol. in*-12.

Les Œuvres de Coffin. *Paris*, 1755, 2 *vol. in*-12.

Instruction des Finances & Chambres des Comptes, par le Grand. *Paris*, 1597, *in*-12.

XXXIX. Abrégé de la Ville de Rouen. *Rouen*, 1759, *in*-12.

L'Art de laver, par Gautier. *Lyon*, 1687, *in*-12.

XL. Le Roman Comique de Scaron. *Paris*, 1752, 3 *vol. in*-12.

F. Baconi Historia Regni Henrici Septimi. *Lugd. Batav.* 1647, *in*-12.

Vita del Padre Paolo. *In Geneva*, 1658, 5 *vol. in*-12.

XLI. Hyppocratis Aphorismi, *gr.* & lat. ex edit. Janssonii. *Glasguæ*, 1748, *in*-12.

Aloysii de compescendis Animi affectibus, per moralem Philosophiam, & medendi artem tractatus. *Argentorati*, 1713, *in*-12.

XLII. Jugement de tout ce qui a été imprimé contre le Cardinal Mazarin, *in*-4°.

Privilèges, Franchises de la ville d'Angoulême. *Angoulême*, 1627, *in*-4°. — Recueil en forme d'Histoire, de ce qui se trouve en la ville d'Angoulême, 1631, *in*-4°.

M. A. Mureti Epistolæ Selectæ. *Romæ*, 1758, *in*-4°.

Fondation faite par le Duc & la Duchesse de Nivernois, 1663, *in*-4°.

Les Antiquités de la ville d'Amiens, par de la Morliere. *Paris*, 1627, *in*-4°.

XLIII. Essais de Montaigne avec les notes de Coste. *Lond.* 1754, 10 *vol. in*-12.

Les Œuvres de G***. *Luxembourg*, 1664, 4 *vol. in*-12.

Les cent Nouvelles Nouvelles, 1744. — Contes de Marguerite de Valois, 1744. — Contes & Nouvelles de Bocace, 1744. — Nouvelles en Vers, par de la Fontaine. *Londres*, 8 *vol. in*-12.

Ornithotrophie Artificielle. *Paris*, 1780, *in*-12.

Dissertations sur l'Origine des Bretons. *Paris*, 1759, 2 *vol. in*-12.

XLIV. Biblia Sacra. *Amst.* 1632, *in*-12.

Esprit de Bourdaloue, 1762, *in*-12.

P. Ovidii Nasonis Opera. *Paris.* Barbou, 1762, 3 *vol. in*-12.

Anti-Lucretius, sive de Deo & Natura, libri novem. *Paris.* 1749, *in*-12. — L'Anti-Lucrece, trad. par de Bougainville. *Paris*, 1754, 2 *vol. in* 12.

La Gerusalemme Liberata, di torquato Tasso. *Avignione*, 1764, 2 *vol. in*-12.

Histoire Plaisante & Chronique du petit Jehan de Saintré. *Paris*, 1724, 3 *vol. in*-12.

Le Monde Enchanté, par Bekker. *Amst.* 1694, 6 *vol. in*-12.

Histoire de Aurelio & d'Isabelle. *Bruxelles*, 1608, *in*-12.

Les Poésies d'Anacréon, trad. du grec en vers françois. *Paris*, 1754, *in*-12.

XLV. Le Printemps d'Yver, par Jac. Yver. *Paris*, 1588, *in*-8°. *m. r.*

L'Heptameron, ou Histoire des Amans Fortunés. *Paris*, 1581, *in*-12. *m. r.*

Histoire Œthiopique d'Héliodorus. *Lyon*, 1584, *in*-8°.

Comicorum Græcorum Sententiæ, 1569, *in*-8°. *m. r.*

— Pindari Olympia. *Genevæ*, 1600, *in*-12.

Observations sur plusieurs singularités trouvées en Grece, par P. Belon. *Anvers*, 1555, *in*-12.

Meygra Entreprisa Catoliqui Imperatoris quando, de anno Domini 1536, veniebat per Provensam benè corrossatus in postam prendere Fransam cum villis de Provensa;

propter grossas & menutas gentes rejohire, per Antonium Arenam. *Lugd.* 1760, *in*-12.

Conférences de Metz. *Leyde*, 1750, *in*-12.

L. C. Lactantii Firmiani Opera, cum notis Thysii. *Lugd. Bat.* 1652, *in*-8°.

Observations sur les Savans Incrédules, par de Luc. *Genève*, 1762, *in*-12.

Novum Jesu-Christi Testamentum. *Paris. Barbou*, 1767, *in*-12.

Traité des Sens, par le Cat. *Paris*, 1742, *in*-12.

Liber qui Compotus inscribit, *in*-4°. Goth.

XLVI. C. Dufresne Glossarium ad Scriptores mediæ & infimæ Latinitatis. *Paris.* 1733, *6 tom. 3 vol. in-fol.* — Carpentier, Supplementum Glossarii. *Paris.* 1766, 4 *tom. 2 vol. in-fol. par. verd.*

A. Sanderi Flandria Illustrata. *Hagæ Comitum*, 1732, *3 vol. in-fol.*

Histoire & Recherches des Antiquités de Paris, par Sauval. *Paris*, 1724, *3 vol. in-fol.*

Marquardi Herrgott, Genealogia Diplomatica Augustæ Gentis Hasburgicæ. *Vien. Aust.* 1737, 3 *vol. in*-4°.

La véritable Origine des Maisons d'Alsace. *Paris*, 1649, *in*-12.

Les Illustrations de Gaule & Singularités de Troyes, par Lemaire. *Lyon*, 1649, *in-fol.*

Platonis Opera, Gr. Lat. cum versione Ficini. *Lugduni*, 1590, *in-fol.*

XLVII. Rob. Stephani Thesaurus Linguæ latinæ. *Lips.* 1749, 4 *tom.* 2. *vol. in-fol. p. v.*

Histoire de la ville de Paris, par D. Felibien. *Paris*, 1725, *5 vol. in-fol. g. p. fig.*

Mémoires sur la Langue Celtique, par Bullet. *Besançon*, 1754, *3 tom. 2 vol. in-fol. p. v.*

Les Loix Civiles, par Domat. *Paris* 1713, *in-fol.*

D. Erasmi Epistolæ. *Lond.* 1642, *in-fol.*

P. A. Matthioli, Commentarii in sex libros Dioscoridis. *Venet. Valgris.* 1565, *in-fol.*

La

La grande Chronique ancienne & moderne de Hollande, par F. le Petit, 1601, 2 *vol. in-fol.*

J. F. Schannat, Corpus traditionum Fuldensium. *Lips.* 1724, *in-fol.*

XLVIII. Historiæ Comitum Flandriæ, autore Vredio. *Brug.* 1650, 5 *tom.* 3 *vol. in-fol. fig.*

Historica narratio profectionis, & Inaugurationis Sereniss. Belgii Principum Alberti & Isabellæ Austriæ Archiducum, autore Boohio. *Ant.* 1602, *in-fol. fig.*

Arriani Expeditionis Alexandri libri septem, & Historia Indica, studio J. Gronovii gr. lat. *Lug. Bat.* 1704, *in-fol.*

G. Marlot, Historia Metropolis Remensis. *Insulis*, 1666, 2 *vol. in-fol.*

J. M. Heineccii Antiquitates. *Francof. ad Mæn.* 1717, *in-fol.*

B. Cæsi Mineralogia. *Lugd.* 1636, *in-fol.*

Architecture de Vitruve. *Paris*, 1547, *in-fol.*

Histoire de Bretagne, par d'Argentré, 1618, *in-fol.*

Ph. Buguyon leges abrogatæ. *Bruxell.* 1702, *in-fol.*

P. Æginetæ libri VII, Grecè. *Bas.* 1538, *in-fol.*

Traité des Droits du Roi, par Dupuy. *Rouen*, 1670, *in-fol.*

XLIX. Les Edits & Ordonnances des Rois de France, recueillis par A. Fontanon. *Paris*, 1611, 3 *vol. in-fol.*

Traité des Fiefs & de leur Origine, par L. Chantereau-le-Febvre. *Paris*, 1662, *in-fol.*

Annales d'Aquitaine, par J. Bouchel. *Poitiers*, 1644, *in-fol.*

J. Schilteri Thesaurus Antiquitatum Teutonicarum, *Ulmæ*, 1728. 3 *vol. in-fol.*

L. A. Senecæ Opera. *Paris.* 1598, 3 *vol. in-fol.*

Ursinus de Antiqua Familia Romana. *Romæ*, 1577, *in-fol.*

D. Cassii Romana Historia, gr. lat. 1591, *in-fol.*

Catena Græcorum Patrum in beatum Job. gr. lat. studio Patricii Junii. *Lond.* 1637, *in-fol.*

Aſcanius Tamburinius de Jure Abbatum, & aliorum Prælatorum. *Col. Agrip.* 1691, 3 *vol. in-fol.*

Jac. Wil. Imhoff notitia Germanici Imperii procerum. *Stutgardiæ*, 1699, *in-fol.*

J. Ruellii de Natura Stirpium, libri tres. *Pariſ.* 1536, *in-fol.*

La Mer des Hiſtoires, 1550, *Goth. in-fol.*

Jac. Uſſerii Annales veteris & novi Teſtamenti. *Lut. Pariſ.* 1673, *in-fol.*

L'Hiſtoire des Pays-Bas, de Em. de Meteren. *La Haye*, 1618, *in-fol. fig.*

L. Ariſtotelis Opera gr. & lat. ex edit. Duvalii. *Pariſ.* 1639, 4 *vol. in-fol.*

Jul. Cæſ. Scaligeri Comment. in Ariſtot. Hiſt. de Animalibus gr. lat. *Toloſæ*, 1619, *in-fol.*

Poetæ Græci veteres gr. & lat. *Genevæ*, 1614, 3 *vol. in-fol.*

Hiſtoire des Comtes de Toloſe, par Guil. Catel. *Toloſe*, 1623, *in-fol.*

Mémoires de l'Hiſtoire de Languedoc, par le même. *Toloſe*, 1633, *in-fol.*

Hiſtoria Naturale di Ferrante Imperato Napolitano. *Venet.* 1672, *in-fol. fig.*

Les Illuſtrations de Gaule & Singularités de Troyes, par J. Lemaire. *Lyon*, 1549, *in-fol.*

J. Chriſto. Lunig Codex Italiæ Diplomaticus. *Lipſ.* 1725, 4 *vol. in-fol.*

P. Divæi Opera varia. *Lovanii*, 1757, *in-fol.*

Ll. Miræi Opera Diplomatica & Hiſtorica. *Lovanii*, 1723, 4 *vol. in-fol.*

Germanicarum rerum Scriptores aliquot inſignes hactenus incogniti. *Francofurti*, 1624, 2 *vol. in-fol.* — Veterum Scriptorum de Germanicis Imperatoribus Opera. *Francofurti*, 1584, 2 *vol. in-fol.*

Plantarum Hiſtoria, auctore M. de Lobel. *Antuerp.* 1576, *in-fol.*

Veteres Scriptores de rebus Germanicis, ex Bibliotheca J. Piſtorii. *Franc.* 1607, 3 *vol. in-fol.*

Le Cérémonial François, par Th. Godefroy. *Paris*, 1649, 2 *vol. in-fol.*

Mantissæ Codex Juris Gentium Diplomaticus. *Hanov.* 1700, 2 *vol. in-fol.*

Traité de l'usage des Fiefs, par Salvaing. *Grenoble*, 1668, *in-fol.*

Recherches & Mémoires du pays des Sequanois & de la Franche-Comté, par Gollut, *in-fol. sans frontispice.*

Histoire de l'Abbaye de Saint-Ouen de Rouen. *Rouen*, 1663, *in-fol.*

LII. J. Seldeni mare clausum. *Lond.* 1635, *in-fol.*

Annales & Chroniques du Pays d'Anjou. *Angers*, 1529, *in-fol.*

Steph. Ranchini Decisiones. *Genevæ*, 1709, *in-fol.*

Carpentier Alphabetum Tironianum. *Lut. Paris.* 1747, *in-fol.*

Theophrasti Opuscula, gr. lat. *Lugduni Batav.* 1613, *in-fol.*

M. T. Cicero cum Mannucciorum Commentariis. *Venet.* 1682, 8 *tom.* 4 *vol. in-fol.*

J. Mabillon de re Diplomatica, libri sex. *Lutetiæ-Parisiorum*, 1709, *in-fol. g. p.*

LIII. Herodoti Halicarnassei Historiæ, 1566, *in-fol.*

Géographie Physique, ou Essai sur l'Histoire Naturelle de la Terre, trad. de l'Ang. par Noguet. *Paris*, 1735, *in-4.*

Scotorum Historiæ à prima gentis origine. *Typis Jodoci Badii, & impensis Hectoris Boethii*, *in-fol.*

Les Ruses innocentes. *Paris*, 1688, *in-4, fig.*

Recueil d'Edits concernant les Hôpitaux; — d'Edits concernant les Officiers Municipaux. *Paris*, 2 *vol. in-4.*

Mém. sur la Lorraine & le Barrois. *Nancy*, 1753, *in-4.*

Mém. concernant les Droits du Roi sur les Bourgs de Fumay & de Revin, 1772, *in-fol. br.*

Instructions pour le franc-aleu de la Province de Languedoc. *Toulouse*, 1640, *in-4.*

Essai sur l'Histoire des premiers Rois de Bourgogne, & sur l'origine des Bourguignons. *Dijon*, 1770, *in-4.*

D ij

Evêques de Poitiers, avec les preuves, par Beſly. *Paris*, 1647, *in*-4.

Hiſtoire de Melun, par Roulliard. *Paris*, 1628, *in*-4.

Les Vies des plus célebres Juriſconſultes de toutes les Nations, par Taiſan. *Paris*, 1721, *in*-4.

Tractatus ſingularis de Molendinis, eorumque jure, autore Joanne Berengio. *Lugd.* 1663, *in* 4.

Traité de la Nobleſſe, par de la Roque. *Rouen*, 1734, *in*-4°.

Beniam. Chriſtoph. Graſshoffii Commentatio de originibus atque antiquitatibus liberæ civitatis Muhlhuſæ Thuringorum, Monimentis adhuc ineditis illuſtrata. *Lipſiæ*, 1749, *in* 4°.

Georgii Matthiæ Konigii Bibliotheca vetus & nova. *Altdorfi*, 1678, *in-fol.*

Traité des Meſures Itinéraires anciennes & modernes, par d'Anville. *Paris*, 1769, *in*-8°. *fig.*

Gornelio Tacito latino, è volgare del Sig. Davanzati. *In Venetia*, 1658, *in*-4°.

Juſii Pontederæ, antiquitatum Latinarum Græcarumque enarrationes atque emendationes. *Patav.* 1740, *in*-4°. *fig.*

La Salade, nouvellement imprimée, laquelle fait mention de tous les pays du monde & du pays de la Sybille, avec la figure pour aller au Mont de la belle Sybille; & auſſi la figure de la mer & de la terre, & pluſieurs belles remontrances. *Paris*, 1521, *in-fol. fig.*

Moyens pour augmenter les revenus du Royaume de pluſieurs millions, par Querbrat-Calloet. *Paris*, 1666, *in*-4°. *fig.*

Diſcours ſur les Médailles antiques, par Savot. *Paris*, 1627, *in*-4°.

LIV. Publ. Virgilii Maronis Opera, ad uſum Delphini. *Pariſ.* 1722, *in*-4°.

Lexicon Latino-Belgicum novum, accurante Samuele Pitiſco. *Amſt.* 1738, *in*-4°. 2 *tom. en* 1 *vol.*

Dictionnaire Royal, François & Anglois, par Boyer. *La Haye*, 1702, *in*-4°. 2 *tom. en* 1 *vol.*

La Bilancia Politica del Boccalini. *Caſtellana*, 1678, 2 *vol.* *in*-4°.

Hist. de l'Académie Royale des Sciences, année 1767. *Paris*, 1772, *in-4°*.

Pyritologie ou Hist. Naturelle de la Pyrite, par Henckel. *Paris*, 1760, *in-4°. fig.*

Promptuaire des Médailles des plus renommées personnes qui ont été depuis le commencement du monde. *Lyon*, 1576, *in-fol. fig.*

Dictionnaire Italien & François, par Veneroni. *Lyon*, 1703, *in-4°. 2 tom. en 1 vol.*

La Légende dorée. *in-fol. goth. sans frontispice.*

A. Celsi Medicinæ libri octo, ex recensione Leonardi Targæ. *Patav.* 1769, *in 4°. br.*

Dissertations Historiques sur la Chevalerie ancienne & moderne, par Honoré de Sainte-Marie. *Paris*, 1718, *in-4°*.

Degli Occhiali da Naso inventati da Salvino Armati, trattato Istorico di Domenico Maria Manni. *In Firenze*, 1738, *in-4°*.

Dictionarium Antiquitatum Romanarum & Græcarum, autore Petro Danetio, *Lutet. Paris.* 1698, *in-4°*.

LV. Mémorial des Tailles. *Paris*, 1742, *in-4°*.

Traité Philosophique des Loix Naturelles, par Cumberland, traduit par Barbeyrac. *Amsterdam*, 1744, *in-4°. br.*

Histoire Naturelle de la Province de Languedoc, par Astruc. *Paris*, 1737, *in-4°. fig.*

Le Droit Public de la France, par Bouquet. *Paris*, 1756, *in-4°. br.*

Coutume de Poitou, par Liege. *Poitiers*, 1695, *in-4°*.

Coutumes de Touraine, par Pallu. *Tours*, 1661, *in 4°. Il se trouve à la fin plusieurs pièces concernant la ville de Tours.*

Dictionnaire Mathématique, par Ozanam. *Paris*, 1691, *in-4°. fig.*

Maison Rustique, par Liger. *Paris*, 1762, *in-4°. 2 vol. fig.*

Vindiciæ Actorum Murensium, 1750, *in-4°*.

Défense de la Chronologie fondée sur les Monuments de l'Histoire ancienne contre le systême de Newton, par Freret. *Paris*, 1758, *in-4°*.

Recueil de Pièces, dont Analyse de l'indigo, par Quatremere. *Paris*, 1777, *in-4°*.

Voyage Littéraire de deux Religieux Bénédictins. *Paris*, 1717, *in*-4°. 2 *vol. fig.*

J. C. Schlægeri Commentatio de Nummo Alexandri Magni. *Hamburgi*, 1736, *in*-4°. *fig.*

Les grandes Chroniques des Catholiques illustres & victorieux, Ducs, des Princes de Savoye, de France, &c. *imprimées par Jehan de la Garde*, 1515.

Histoire de l'Abbaye de Saint-Denis, par Doublet. *Paris*, 1625, *in*-4°.

Vitæ Paparum Avenionensium, studio Baluzii. *Parisiis*, 1693, 2 *vol. in*-4°.

Histoire des Pontifes qui ont siégé dans Avignon. *Avignon*, 1774, *in*-4°. *rel. en c.*

Vita S. Bernardi, Autore Gutolpho, cum notis Heimb. *Norimbergæ*, 1743, 2 *vol. in*-4°. *p. v.*

Antiquités de Paris, par Dubreuil. *Paris*, 1612, *in*-4°.

Histoire Militaire de l'Ordre des Templiers, par Dupuy. *Bruxelles*, 1751, *in*-4°.

LVI. Loix Forestières de France, par Pecquet. *Paris*, 1753, 2 *vol. in*-4°.

Coutume du haut & bas pays d'Auvergne. *Clermond-Ferrand*, 1770, *in*-4°.

Traité de la perfection & confection des Papiers Terriers, par Bellami. *Paris*, 1746, *in*-4°.

Recueil de Réglements concernant les droits d'Amortissements. *Paris*, 1729, 5 *vol. in*-4°.

Conférence de l'Ordonnance de 1669 sur le fait des Eaux & Forêts, par Galon. *Paris*, 1725, 2 *vol. in*-4°.

Traité Historique de la Chambre des Comptes de Savoye, par Capré. *Lyon*, 1662, *in-fol.*

Histoire de l'Église Cathédrale de Rouen. *Rouen*, 1686, *in*-4°.

Description Historiq. de l'Eglise de Notre-Dame à Bruges, par Beaucourt de Noortvelde. *Bruges*, 1773, *in*-4°. *br.*

Christiani Hugenii Opera Mechanica. *Lugd. Bat.* 1724, 2 *vol. in*-4°. *fig.*

Commentaire sur la Géométrie de Descartes, par Rabuel. *Paris*, 1730, *in*-4°.

La Méthode des Fluxions & des suites infinies, par Newton. *Paris*, 1740, *in*-4°.

Simonis Majoli dies Caniculares. *Moguntiæ*, 1607, 3 *vol. in*-4°.

Joan. Launoii Hiſtoria Regii Navarræ Gymnaſii Pariſienſis. *Pariſ.* 1687, 2 *vol. in*-4.

Vitæ Petri Ærodii & Guillelmi Menagii. *Pariſ.* 1675, *in*-4.

LVII. Coutumes des Duchés, Bailliage & Prévôté d'Orléans, par Pothier. *Paris*, 1772, *in*-4.

Les Coutumes du haut & bas pays d'Auvergne, par Prohet. *Paris*, 1695, *in*-4°.

Les Privilèges des Suiſſes. *Paris*, 1751, *in*-4°.

Inſtructions ſur les Ventes des bois du Roi, par de Froidour. *Paris*, 1759, *in*-4.

Traité des Preſcriptions, de l'Aliénation des biens d'Egliſe, par Dunod de Charnage. *Paris*, 1765, *in*-4.

Corpus Juris Canonici, notis illuſtratum. *Lugd.* 1661, 2 *vol. in*-4.

Tables Chronologiq. des Ordon. faites par les Rois de France de la troiſième race. *Paris*, 1706, *in*-4.

La Vérité de l'Hiſtoire de l'Egliſe de Saint-Omer. *Paris*, 1754, *in*-4.

Annales de l'Egliſe Cathédrale de Noyon, par le Vaſſeur. *Paris*, 1633, *in*-4.

La Poétique d'Ariſtote, trad. par Dacier. *Paris*, 1692, *in*-4°.

Bartholomei Caſtelli Lexicon Medicum. *Genevæ*, 1746, *in*-4.

Recherches Critiq. & Hiſtoriq. ſur l'Origine & les progrès de la Chirurgie en France. *Paris*, 1744, *in* 4.

Hiſt. de la Société Royale des Sciences établies à Montpellier. *Lyon*, 1766, 2 *vol. in*-4.

Obſervat. d'Hiſt. Naturelle faite avec le microſcope, par Joblot. *Paris*, 1754, 2 *tom. en* 1 *vol. in*-4. *fig.*

La Vie de Deſcartes. *Paris*, 1691, *in*-4.

LVIII. Traité des Fiefs de Dumoulin, conféré avec les autres Feudiſtes, par Henrion de Penſey. *Paris*, 1773, *in*-4°.

Recueil de la Chambre des Comptes de Paris, 6 *vol. in-4.*

Recueil d'Edits concernant les Domaines du Roi, 8 *vol. in-4°.*

Expositio Justiniani Institutionum Juris Civilis F. Lorry, *Parisiis*, 1757, *in-4.*

Le Domaine Temporel du Siège Apostolique sur la ville de Comacchio, 1712. — Les Droits de l'Empire sur l'Etat Ecclésiastique, éclaircis à l'occasion de la dispute de Comacchio. *Utrecht*, 1713, *in-4.*

P. Alpini de Medicina Ægyptiorum libri, & J. Bontii de Medicina Indorum. *Parisiis*, 1645, *in-4.*

Essai Analytique sur les facultés de l'ame, par Bonnet. *Copenhague*, 1760, *in-4.*

Historia Monasterii S. Joannis Reomaensis, autore Roverio. *Parisiis*, 1637, *in-4.*

Histoire du Duché de Luxembourg, par Bertholet, *Luxemb.* 1741, 8 *vol. in-4.*

Mémoires de Comines, par Godefroy, augmentés par Lenglet du Fresnoy. *Paris*, 1747, 4 *vol. in-4. fig.*

LIX. Recueil de Pièces Historiq. sur l'Auvergne, *in-4.*

Le Livre de Propriétés, auquel seulement est traité de la Sainte Trinité, co-unité Divine, avec ses noms & propriétés révélées aux humains, tant par l'inspiration d'icelle sainte & individue Trinité, que par les saints Anges, Patriarches, Prophétes, Apôtres, & autres Saints & Saintes du Paradis, translaté du latin en François, par Frère Jean Corbichon, Augustin. *Paris*, 1522, *in-4.*

Les Recherches & Antiquités de la Province de Neustrie, par de Bourgueuille. *Caen*, 1558, *in-4.*

Exposition Sommaire sur les Coutumes de la Duché & Sénéchaussée d'Angoumois, par Gandillaud. *Angoulême*, 1633, *in-4.*

Mémoires pour servir à l'Histoire de France & de Bourgogne. *Paris*, 1729, *in-4.*

Traité sur la Science de l'Exploitation des Mines par théorie & pratique, traduit en françois par Schreiber. *Paris*, 1778, 2 *vol. in-4. br.*

La

La Chronologie des anciens Royaumes; trad. de l'Angl. par Newton. *Paris*, 1728, *in*-4.

LX. Recueil des Edits, Déclarations, Arrêts & Réglements concernant le desséchement des marais. *Paris*, 1765, *in*-4°.

Recueil de Pièces tant manuscrites qu'imprimées, sur différentes matières, 32 *vol. in* 4.

LXI. Topographia Helvetiæ confœderatæ, cum iconismis Provinciarum generalibus. *Francofurti*, 1655, *in-fol. fig.*

Les Remontrances de Messire Jacques de la Guesle. *Paris*, 1611, *in*-4°.

La Bretagne, en quatre cartes collées sur toile.

Le Gouvernement des Princes, le Trésor de la Noblesse & les Fleurs, de Valere le Grant. *Paris*, *Ant. Verard*, *in*-4. *goth.*

Œuvres de Claude Fauchet. *Paris*, 1610, *in*-4°.

Histoire des Secrétaires d'Etat, par du Toc. *Paris*, 1668, *in*-4. *fig.*

Dictionnaire de Droit & de Pratique, par Ferriere. *Paris*, 1762, 2 *vol. in*-4°.

Le Banquier & Négociant Universel, par de Bleville. *Paris*, 1767, 2 *vol. in*-4°.

Le Livre des Seigneurs, ou le Papier Terrier perpétuel. *Paris*, 1776, *in*-4°. *br.*

Statuts & Coutumes du pays de Provence, par de Bomy. *Aix*, 1620, *in* 4°.

Mém. touchant la Seigneurie du Pré-aux-Clercs, appartenant à l'Université de Paris. *Paris*, 1694, *in*-4°.

LXII. Traité du gouvernement des biens & affaires des Habitants, par de Fréminville. *Paris*, 1760, *in*-4°.

Recueil général des Etats tenus en France sous Charles VI, VIII, IX, Henri III & Louis XIII. *Paris*, 1651, *in*-4°.

Histoire de l'origine & fondation du Vicariat de Pontoise. *Paris*, 1636, *in*-4°.

Antiquité Géographique de l'Inde, & de plusieurs contrées de la haute Asie, par d'Anville. *Paris*, 1775, *in-4°. br.*

Armorial des Etats de Languedoc, par Gastelier de la Tour. *Paris*, 1767, *in-4°.*

Généalogie de la Maison des sieurs de Larbour dits de Combaud, par d'Hozier. *Paris*, 1628, *in-4°.*

De l'Origine des Rois de Portugal, par Godefroy, 1624, *in-4°.*

Dissertatio Academica de decimis Feudalibus. *Argentorati*, 1732, *in-4°.*

Traité concernant l'Histoire de France, sçavoir la condamnation des Templiers, &c. par Dupuy. *Paris*, 1654, *in-4°.*

Discours sur les Ouvertures des Parlements, par Loys d'Orléans. *Paris*, 1608, *in-4°.*

Anciens & nouveaux Statuts de la Ville & Cité de Bourdeaux, 1612, *in-4°.*

Chronique Bourdeloise. *Bourdeaux*, 1672, *in-4°.*

Remontrance de la Noblesse de Provence pour la révocation des Arrêts de son Conseil, portant réunion à son Domaine, des terres aliénées & inféodées par les Comtes de Provence, par Gaillard. *Aix*, 1669, *in-fol.*

Petri Abbatis Cellensis Opera omnia. *Paris.* 1671, *in-4°.*

Dissertation sur l'Existence de Dieu, par Jacquelot. *La Haye*, 1697, *in-4°.*

LXIII. Code Matrimonial. *Paris*, 1770, *in-4°. 2 tom. en 1 vol.*

Recueil d'Ordonnances, Edits, Déclarations, Arrêts & Lettres Patentes concernant la Chambre des Comptes de Paris, 1728, 3 *vol. in-4°.* — Concernant les qualités nécessaires pour être pourvu des Offices de Judicature, les études de Droit, l'administration de la Justice & l'ordre Public, imprimé par ordre du Chancelier de Pontchartrain. *Paris*, 1712, 2 *vol. in-4°.*

Us & Coutumes de la Mer, par Cleirac. *Bourd.* 1661, *in-4°.*

Gaspari Bitschii Commentarius in consuetudines Feudorum. *Argentorati*, 1673, *in-4°.*

La fidele ouverture de l'Art de Serrurier, par Mathurin Jousse. *La Fleche*, 1627, *in-fol. fig.*

L'Hist. & la Politique de l'auguste Maison d'Autriche, par du Bosc de Montandré. *Paris*, 1663, *in-4°.*

Eloges Historiq. des Rois de France, par le R. P. Labbe. *Paris*, 1651, *in-4°.*

Augusti Ernesti græcum Lexicon Manuale. *Lipsiæ*, 1754, *in-8°.*

Epitome græcæ Paleographiæ, & de rectâ græci Sermonis pronunciatione Dissertatio, autore Gregorio Placentinio. *Romæ*, 1735, *in-4.*

Metaphrasis libri Psalmorum græcis versibus contexta, per Jacobum Duportum. *Cantabrigiæ*, 1666, *in-4°.*

La Puce de Madame des Roches, Recueil de divers Poëmes grecs, latins & François. *Paris*, 1583, *in-4°.*

LXIV. Nouveau Dictionnaire Allemand & François, & François-Allemand. *Strasbourg*, 2 *tom. en* 1 *vol. in-4°.*

Stultifera Navis, per Sebastianum Brant. 1498, *in-4. fig.*

Les Livres de Singularités observées, par P. Belon. *Paris*, 1555, *in-4°. fig.*

Les mêmes. *Paris*, 1588, *in-4° fig.*

Rei Venaticæ Scriptores & Bucolici antiqui. *Lugd. Bat.* 1728, *in-4°. br.*

De la Démonomanie des Sorciers, par Bodin. *Paris*, 1680, *in-4°.*

Deux Livres des Venins, auxquels il est amplement discouru des bêtes venimeuses, Thériaques, Poisons & Contrepoisons, par Jacques Grevin. *Anvers*, 1568, *in-4.*

Etats formés en Europe après la chute de l'Empire Romain en Occident, par d'Anville. *Paris*, 1771, *in-4. br.*

Les Œuvres de Alain Chartier. *Paris*, 1617, *in-4.*

Discours Abrégé de l'Artois, Membre ancien de la Couronne de France & de ses Possesseurs depuis le commencement de la Monarchie, 1640, *in-4.*

Le Royaume de France & des Etats de Lorraine, par Doisy. *Paris*, 1753, *in-4°.*

Les sept Livres des Prouffits champêtres & ruraux, par Pierre des Crescens. *Paris*, 1521, *in-fol. goth.*

Les douze Livres de Lucius Junius Moderatus Columella, des choses rustiques, trad. par Cotereau. *Par.* 1555, *in-4.*

Architecture de Marc-Vitruve Pollion, mise de lat. en fr. par Jean Martin. *Genève*, 1618, *in-4°. fig.*

L'Ecuirie de Frederic Grison. *Paris*, 1568, *in-4. fig.*

LXV. Aristophanes gr. & lat. operâ & studio Ludolphi Kusteri, 1710, *in-fol.*

Strabonis Geographia, gr. & lat. cum notis Casauboni. *Amstelodami*, 1707, 2 *vol. in-fol.*

Athenæi Deipnosophistarum libri quindecim gr. & lat. cum variis lectionibus Casauboni. *Lugd.* 1612, *in-fol.*

Herodoti Halicarnassei Historiarum libri novem, gr. & lat. *Oliva Pauli Stephani*, 1618, *in-fol.*

Stephanus Byzantinus de urbibus & populis. gr. & lat. *Amst.* 1678, *in-fol.*

— Idem, gr. & lat. *Lugd. Batav.* 1694, *in-fol.*

Lucæ Holstenii notæ & castigationes in Stephanum Byzantinum de urbibus. *Lugd. Bat.* 1684, *in-fol.*

Philonis Judæi Opera gr. & lat. *Coloniæ Allobrogum*, 1613, *in-fol.*

LXVI. Les Offices de France, par Joly. *Paris*, 1645, 2 *vol. in-fol.*

J. Gersonis Opera. *Parisiis*, 1488, 4 *vol. in-fol.*

J. Baluzii Miscellanea aucta studio J. D. Mansi. *Lucæ*, 1761, 4 *tom. en* 2 *vol. in-fol. rel. en. p. v.*

Epistolæ Innocentii libri tres, studio Baluzii. *Parisiis*, 1682, 2 *vol. in-fol.*

LXVII. Muratorii Antiquitates Italicæ. *Mediolani*, 1738, 6 *vol. in-fol.*

Analecta Monumentorum omnis ævi Vindobonensia, opera & studio Adami Francisci Kollarii. *Vindobonæ*, 1761, 2 *vol. in-fol.*

Glossaria duo, è situ vetustatis eruta, cum Commentario Henrici Stephani, 1573, *in-fol.*

LXVIII. Codice Diplomatico del Ordine Gerosolimitano. *In Lucca*, 1733, 2 *vol. in-fol. fig.*

J. Pollucis Onomasticum gr. & lat. *Amstelædami*, 1706, 2 *vol. in-fol.*

J. Pierii Poemata, & ejuſdem alia Opera. *Lugd.* 1621, *in-fol.*

P. Cluveri Sicilia antiqua. *Lugduni Batavorum*, 1619, *in-fol.*

H. Valeſii Notitia Galliarum. *Pariſiis*, 1675, *in-fol.*

LXIX. B. Dargentré in conſuetudines Britanniæ. *Pariſiis*, 1628, *in-fol.*

Euſebii Pamphili Theſaurus temporum, chronicorum Canonum omnimodæ Hiſtoriæ libri duo, gr. & lat. interprete Hieronymo, ſtudio Joſephi Juſti Scaligeri. *Amſtelodami*, 1658, *in-fol.*

Laertii Diogenis de vitis Dogmatis & Apophtegmatis libri X, gr. & lat. Thoma Aldobrandino interprete. *Londini*, 1664, *in-fol.*

Sexti Empyrici Opera, gr. & lat. cum verſione Gentiani Herveti. *Lipſiæ*, 1718, *in-fol.*

Geſta Dei per Francos, ſive Orientalium expeditionum, & regni Francorum Hieroſolimitani Hiſtoria. *Hanoviæ*, 1611, *in-fol.*

Julii Cæſaris Scaligeri Commentarii in ſex libros de cauſis plantarum Theophraſti. *Genevæ*, 1566, *in-fol.*

De l'Origine des Bourgongnons, & Antiquité des Etats de Bourgongne, par de Saint-Julien. *Par.* 1581, *in-fol.*

LXX. Recueil des Hiſtoriens des Gaules & de la France, par Dom Bouquet. *Paris*, 1738, 11 *vol. in-fol.*

LXXI. C. Plinii ſecundi Hiſtoriæ Naturalis libri 37, cum notis Harduini. *Pariſiis*, 1741, 2 *vol. in-fol.*

Theophraſti Ereſii de Hiſtoria Plantarum libri decem, gr. & lat. cum Commentariis J. Bodæi à Stapel. *Amſtelodami*, 1644, *in-fol. fig.*

Pauſaniæ Græciæ Deſcriptio, gr. & lat. *Lipſiæ*, 1696, *in-fol.*

Photii Bibliotheca, gr. & lat. *Rothomagi*, 1653, *in-fol.*

Appiani Alexandrini Romanæ Hiſtoriæ, ejuſdem de bellis civilibus libri quinque, gr. & lat. excudebat H. Stephanus, 1692, *in-fol.*

P. Jovii Elogia Illuſtrium Virorum. *Florentiæ*, 1551, *in-fol.*

LXXII. Alcorani Machumetis textus universus, arabicè & lat. ex versione & cum notis Lud. Maraccii. *Patavii*, 1698, *2 tom. en 1 vol. in-fol.*

Mensonis Alting Notitia Germaniæ inferioris antiquæ. *Amstel.* 1697, *2 vol. in-fol. fig.*

Suidæ Lexicon, gr. & lat. curâ & studio Ludolphi Kusteri. *Cantabrigiæ*, 1705, *3 vol. in-fol.*

Philostratorum quæ supersunt omnia, gr. & lat. cum notis Gotfridi Olearii. *Lipsiæ*, 1709, *in-fol.*

Hierozoïcon sive bipertitum opus de animalibus sacræ scripturæ, autore Samuele Boccharto. *Londini*, 1663, *2 vol. in-fol.*

— Ejusdem Geographia Sacra. *Lugd. Bat.* 1707, *in-fol.*

Plutarchi Ch. quæ extant omnia, gr. & lat. cum interpretatione Hermanni Cruserii & Gulielmi Xilandri. *Lugd. Bat.* 1655, *2 vol. in-fol.*

Joannis Scapulæ Lexicon græco-latinum. *Lugd. Batav.* 1652, *in-fol.*

LXXIII. Traité des Libertés de l'Eglise Gallicane, 1731, *3 vol. in-fol.*

Histoire de la Chancellerie, par Tessereau. *Paris*, 1710, *2 vol. in-fol.*

Les Loix Ecclésiastiques de France, par de Hericourt. *Paris*, 1756, *in-fol.*

Table des Diplomes, Chartes, Titres & Actes concernant l'Histoire de France, par de Brequigny. *Paris*, *Imprimerie Royale*, 1769, *2 vol. in-fol.*

Guidonis Papæ Decisiones. *Genevæ*, 1622, *in-fol.*

LXXIV. Coutumes de Beauvoisis, par de la Thaumassiere. *Bourges*, 1690, *in-fol.*

Les Statuts de Bresse, par Collet. *Lyon*, 1698, *in-fol.*

Marca Hispanica, aut Descriptio Geographica Cataloniæ, autore de Marca. *Parisiis*, 1688, *in-fol.*

R. Cœnalis Gallica Historia. *Parisiis*, 1557, *in-fol.*

LXXV. Compilation Chronologique des Ordonnances, par Blanchard. *Paris*, 1715, *2 tom. en 1 vol. in-fol.*

Histoire de S. Louis, par de Joinville. *Par.* 1761, *in-fol.*

La véritable origine de la Maison Royale de France, par du Bouchet. *Paris*, 1646, *in-fol.*

Histoire Généalogique de la Maison d'Auvergne, par Justel. *Paris*, 1645, *in-fol.*

— La même, par Baluze. *Paris*, 1708, 2 *vol. in-fol.*

Bibliotheque des Auteurs de Bourgogne, par Papillon. *Dijon*, 1742, 2 *tom. en* 1 *vol. in-fol.*

Les Recherches de la France, d'Estienne Pasquier. *Paris*, 1621, *in-fol.*

Histoire de l'Abbaye Royale de Saint-Germain-des-Prés, par Bouillart. *Paris*, 1724, *in fol. fig.*

Histoire de l'Abbaye Royale de S. Denis, par Felibien. *Paris*, 1706, *in-fol. fig.*

LXXVI. Georgii Agricolæ de re Metallicâ libri XII. *Basileæ*, 1657, *in fol. fig.*

Nicolaus Upton de studio Militari. — Joannes de Bado aureo tractatus de armis. — Henrici Spelmanni Aspilogia. — Winkelmanni Amphiteatrum orbis politico Historicum. — Arboretum Genealogicum Heroum Europæorum. *Londini*, 1664, *in-fol.*

Histoire des Cardinaux François de naissance, par François Duchesne. *Paris*, 1660, *in-fol. fig.*

Histoire des Evêques de l'Eglise de Metz, par Meurisse. *Metz*, 1634, *in-fol.*

Description Historique de la France, par d'Anville. *Par.* 1722, *in-fol. fig.*

Histoire de Dauphiné. *Genêve*, 1722, 2 *vol. in-fol.*

La Chine, de Kircher. *Amst.* 1670, *in-fol. fig.*

Les Origines de la ville de Clermont, par Durand. *Paris*, 1662, *in-fol.*

Les Présidens au Mortier du Parlement de Paris, par Blanchard. *Paris*, 1647, *in-fol. fig.*

LXXVII. Conférence des Coutumes, par Guesnois. *Paris*, 1596, *in-fol.*

Les anciennes & nouvelles Coutumes de Berry, & celles de Lorris, par de la Thaumassiere. *Bourges*, 1680, *in-fol.*

Edits, Déclarations & Arrêts concernant les Ecclésiastiques, recueillis par Filleau. *Paris*, 1631, 2 *vol. in-fol.*

Du Franc-Aleu de la Province de Languedoc, par Caseneuve. *Tolose*, 1645, *in-fol.*

Æneæ Silvii Historia rerum Friderici III Imperatoris. *Argentorati*, 1685, *in-fol.*

LXXVIII. Silesiacarum rerum scriptores inediti, quibus Historia ab origine gentis ad obitum usque Imperatoris Rudolphi II. Germaniæ &c. Regis speciatim recensetur, studio J. W. de Sommersberg. *Lipsiæ*, 1730, 3 *tom. en* 2 *vol. in-fol.*

Descrittione di Guicciardini di tutti i Paesi Bassi. *In Anversa*, 1681, *in-fol.* — Description des Pays-Bas, par Guicciardin. *Anvers*, 1582, *in-fol. Cart. géog.*

Consuetudines & leges Imperiales, studio Goldasti. *Francofurti ad Mœnum*, 1613, *in-fol.* — Veteris scriptores qui Cæsarum & Imperatorum Germanicorum res per aliquot secula gestas, literis mandarunt. *Hanoviæ*, 1619, *in-fol.*

Histoire de Navarre & de Flandres, par Galland. *Paris*, 1648, *in-fol.*

Histoire de l'Eglise de S. Étienne de Dijon. *Dijon*, 1696, *in-fol.*

Choppinus de Legibus Andium. *Parisiis*, 1611, *in-fol.*

Arrêts du Parlement de Toulouse, par la Rocheflavin, augmentés par Graverol. *Toulouse*, 1682, *in-fol.*

Histoire des Comtes de Poitou & Ducs de Guyenne, par Besly. *Paris*, 1647, *in-fol.*

Histoire de Berry, par la Thaumassiere. *Bourges*, 1689, *in-fol.*

LXXIX. Histoire de la Navigation, de J. H. de Linschot. *Amst.* 1638, *in-fol. fig.*

Paracelsi Opera Medica & Chirurgica. *Genevæ*, 1659, 3 *tom. en* 2 *vol. in-fol.*

Gassendi Opera. *Lugduni*, 1658, 6 *vol. in-fol.*

LXXX. Leges Francorum Salicæ & Ripuariorum, studio J. G. Eccardi. *Francofurti*, 1720, *in-fol.*

Codex Legum antiquatum. *Francofurti*, 1693, *in-fol.*
Corpus Juris Civilis. *Parisiis*, 1659, *6 vol. in-fol.*
Œuvres de Loiseau. *Châteaudun*, 1610, *in-fol.*
Tractatus de Nobilitate, studio P. Knipschilitii. *Campoduni*, 1693, *in-fol.*
Pieces Mss. & imprimées, relatives à l'Histoire d'Auvergne, *in-fol.*
Histoire de Saintonge, par Maichin. *Saint-Jean-d'Angely*, 1671, *in-fol.*
Arboretum Genealogicum, exbibens omnes ferè Imperii Principes & Europæ hodiè Reges lineâ rectâ descendentes à Rudolpho I. Imperatore. *Coloniæ Agrippinæ*, 1638, *in-fol.*
Gentium & familiarum Romanarum Stemmata, autore R. Streinnio. *Parisiis*, 1559, *in-fol.*
Histoire de la Maison de Courtenay, par du Bouchet. *Paris*, 1661, *in-fol.*
Histoire de Sablé, par Menage. *Paris*, 1683, *in-fol.*
Traité des anciennes Monnoies, Poids & Mesures, démontré par différents exemples dans plusieurs dissertations. *London*, 1727, *in-fol. en Anglois.*
Historie Chronologiche dell' Origine degl' Ordini Militari e di tutte le Religioni Cavallaresche, Opera dell' B. Giustinian. *In Venezia*, 1692, *2 vol. in-fol.*
J. Laurentii Lucensis Polymathia. *Lugduni*, 1666, *in-fol.*
A. Cornelii Celsi de arte Medica libri octo. *Basileæ*, 1552, *in-fol.*
Commentarii Linguæ Græcæ, G. Budæo autore. *In Chalcographia Ascensiana*, 1516, *in-fol.*
Le Origini della Lingua Italiana compilate dal Menagiano. *In Geneva*, 1685, *in-fol.*
Xenophontis Opera, gr. & lat. cum notis H. Stephani, 1581, *in-fol.*
Histoire des Poissons, par Rondelet. *Lyon*, 1558, *in-fol. fig.*
Histoire des Oiseaux, par Belon. *Paris*, 1555, *in-fol. fig.*

LXXXI. Recueil de divers Traités sur la Terre & les Fossiles, par Bertrand. *Avignon*, 1766, *in-4.*

Traité des Droits du Roi ſur les Bénéfices, par Simonel, 1752, 2 *vol. in*-4.

Traité des Juſtices de Seigneur, par Jacquet. *Lyon*, 1764, *in*-4.

La Pratique Univerſelle pour la rénovation des Terriers, par E. Freminville. *Paris*, 1762, 5 *vol. in*-4.

Principes des Fiefs, par le même. *Paris*, 1769, 2 *vol. in*-4.

Traité des Fiefs, par Guyot. *Paris*, 1746, 7 *vol. in*-4.

LXXXII. Traité Hiſtorique de la Souveraineté du Roi. *Paris*, 1754, 2 *vol. in*-4.

Traité des Droits & des Domaines du Roi, par Berthelot du Ferrier. *Paris*, 1719, *in*-4.

Traité du Domaine, par de la Planche. *Paris*, 1764, 3 *vol. in*-4.

Examen de l'uſage des Fiefs en France, par Bruſſel. *Paris*, 1750, 2 *vol. in*-4.

Traité des Fiefs, par Pocquet de Livonniere. *Par.* 1756, *in*-4.

Exploitation des Bois, par Duhamel du Monceau. *Paris*, 1764, 2 *vol. in*-4. *fig.* — Tranſport des Bois, par le même. *Paris*, 1767, *in*-4. *fig.*

Dictionnaire de Police, par Freminville. *Paris*, 1758, *in*-4.

Gloſſaire du Droit François, par de Lauriere. *Paris*, 1704, 2 *vol. in*-4.

Traité du Droit Public d'Allemagne. *Paris*, 1748, *in*-4.

Capitulation de l'Empereur François combinée avec celle de l'Empereur Charles VII. *Francfort ſur le Mein*, 1746, *in*-4.

Il Decameron di Boccaccio, 1761, *in*-4.

Cornucopiæ, in quo continentur Sypontini libellus. — Vitellii in Sypontini libellum annotationes. — T. Varronis de Lingua Latina libri. — Ejuſdem de Analogia libri tres. — Sexti Pompei Feſti undevigenti librorum fragmenta. — Nonii Marcelli compendia. *Venetiis in Ædibus aldi*, 1513, *in*-4.

LXXXIII. Schrevelii Lexicon Manuale græco - latinum. *Lutetiæ Parisiorum*, 1767, 2 *vol. in*-8.
— Idem. *Lugduni-Batavorum*, 1670, *in*-8.
Græcæ Linguæ Dialecti, studio Mettaire. *Hagæ-Comitis*, 1738, *in*-8.
Ciceronianum Lexicon græco - latinum. *Augustæ Taurinorum*, 1743, *in*-8.
Dict. François & Anglois, Anglois & François, par Boyer. *Londres*, 1747, 2 *vol. in*-8.
Dictionnaire Languedocien-François. *Nîmes*, 1756, *in*-8.
F. Sanctii Minerva. *Amstelædami*, 1761, 2 *vol. in*-8.
Principes de la Langue Allemande, par Junker. *Paris*, 1768, *in*-8.
Considérations sur l'inaliénabilité du Domaine de la Couronne. *Paris*, 1775.
Traité de la dissolution du Mariage pour cause d'impuissance. *Luxembourg*, 1735, *in*-8.
Traité du Juge compétent des Ambassadeurs, traduit du latin de Bynkershoek. *La Haye*, 1723, *in*-8.
Recherches historiques sur l'Empereur Othon IV, par Bourgeois. *Paris*, 1775. — Histoire de la ville de Nîmes. *Amsterdam*, 1767. — Recueil de Dissertations, ou Recherches historiques & critiques sur l'ancien lit de la Loire, &c. par de la Sauvagere. *Paris*, 1776, *in*-8.
Considérations sur les corps organisés, par Bonnet. *Amst.* 1762, *in*-8.

LXXXIV. Testament politique du Cardinal de Richelieu. *Paris*, 1764, 2 *vol. in*-8.
Joannis Buxtorfii Lexicon Hebraicum & Chaldaicum. *Basileæ*, 1598, *in*-8.
Abrégé de la Crusca, ou Dictionnaire François & Italien. par Fabretti. *Lyon*, 1757, *in*-8.
Lucretii de rerum Natura libri sex, cum notis Th. Creech *Oxonii*, 1695, *in*-8.
Aureus de utraque potestate libellus. *Parisiis* Gaillot du Pré, *in*-8. *goth.*

Montaltii Litteræ Provinciales. *Coloniæ*, 1679, *in*-8.

Théologie Payenne, par Maichin. *Saint-Jean-d'Angely*, 1657, *in*-8.

Tables généalogiques des Maisons d'Autriche & de Lorraine. *Paris*, 1770, *in*-8.

LXXXV. Les Comédies de Terence, traduites par l'Abbé le Monnier, avec le texte à côté. *Paris*, 1771, 3 *vol. in*-8. *fig.*

Les Satyres de Perse, traduites par le même, avec le texte. *Paris*, 1771, *in* 8.

Les Satyres de Juvenal, traduites par Dusaulx, avec le texte à côté. *Paris*, 1770, *in*-8.

Recueil de Poésies latines & françoises sur divers événemens, par ordre chronologique, depuis 1613, jusqu'en 1750, 2 *vol. in*-8.

De la Religion Chrétienne, trad. de l'Anglois d'Adisson. *Genêve*, 1772, 3 *vol. in*-8. *rel. en cart.*

Grammaire Allemande, par Gottsched. *Strasbourg*, 1769, *in*-8°.

LXXXVI. Recherches de la Vérité, par Mallebranche. *Paris*, 1749, 4 *vol. in*-8.

Del Novelliero Italiano. *In Venezia*, 1754, 4 *vol. in*-8.

Dialogues sur le Commerce des Bleds. *Londres*, 1770.

Mémoire sur le Patronage. *Paris*, 1768, *in*-8.

Traité des Péremptions des Instances, par Menelet. *Dijon*, 1750, *in*-8.

Loix des Bâtimens, suivant la Coutume de Paris, par Desgodets, avec les notes de Goupy. *Paris*, 1770, *in*-8.

Architecture Françoise, par Savot. *Paris*, 1685, *in*-8.

Pretiosa Margarita novella de Thesauro ac pretiosissimo Philosophorum lapide. *Aldus*, 1546, *in*-12.

Abrégé chronologique de l'Histoire d'Espagne. *Paris*, 1765, 2 *vol. in*-8.

Traité des bornes de la puissance Ecclésiastique. *Amsterd.* 1734, *in*-8.

LXXXVII. Œuvres de M. le Chancelier d'Agueſſeau. *Yverdun*, 1772, 10 *vol. in-8.*

J. Stephan. Putteri Elementa Juris publici Germanici. *Goettingæ*, 1756.

Jac. Maſcovii Principia Juris publici Imperii Romano-Germanici. *Lipſiæ*, 1750, *in-8.*

Architecture Pratique, par Bullet. *Paris*, 1762, *in-8.*

Illuſtrium Scriptorum Majoris Britanniæ, ſommarium in quatuor centurias diviſum autore Joan. Baleo, 1548, *in-4.*

Leçons Elémentaires de Mathématique & de Méchanique, par l'Abbé de la Caille, revues par l'Abbé Marie. *Paris*, 1770, *in-8.*

Dictionnaire des Fiefs, par de la Place. *Paris*, 1757, *in-8.*

Recueil de Juriſprudence féodale, à l'uſage de la Provence & du Languedoc. *Avignon*, 1765, 2 *vol. in-8.*

De l'Impôt du Vingtieme ſur les Succeſſions, par Bouchaud. *Paris*, 1766, *in-8.*

LXXXVIII. Autores rei Ruſticæ. *Aldus*, 1513, *in-8.*

Eſſai ſur l'Architecture, par Laugier. *Paris*, 1755, *in 8.*

Pirckheimeri Bellum Suitenſe. *Tiguri-Helvetiorum*, 1737, *in-8°.*

Œuvres complettes de M. le C. de B***. *Lond.* 1767.

Aurelii Macrobii Opera omnia. *Patavii*, 1730, *in-8.*

Abrégé de la Police, accompagné de Réflexions ſur l'accroiſſement des Villes, par Willebrand, 1765, *in-8.*

J. Calvini Juriſprudentia feudalis. *Francof.* 1711, *in-8.*

Phi. Reinhardi Inſtitutiones Juris publici Romano-Germanici. *Lugd. Batav.* 1730, *in-8.*

Queſtions ſur les démiſſions de biens, par Boullenois. *Paris*, 1727, *in-8.*

Juriſprudence des Rentes, par de Beaumont. *Par.* 1766, *in-8.*

Nouveau Traité des Elections, par Vieuille. *Par.* 1739, *in-8°.*

Sancti Juſtini cum Tryphone Judæo Dialogus, gr. & lat. cum Latina J. Langi Verſione. *Londini*, 1719, *in-8.*

LXXXIX. Méthode pour étudier l'Hiſtoire, par Lenglet du Freſnoy. *Paris*, 1772, 15 *vol. in*-12. — Pour étudier la Géographie, par le même. *Paris*, 1768, 10 *vol. in*-12.

XC. Le Spectateur, ou le Socrate moderne. *Amſterdam*, 1741, 6 *vol. in*-12.

Œuvres Morales & mêlées de Plutarque, trad. par Amyot. *Anvers*, 1577, 3 *vol. in*-8°.

Joſiæ Simleri de Helvetiorum Republica. *Pariſiis*, 1577, *in*-8°.

La République des Suiſſes, par Joſias Simler. *Paris*, 1578, *in*-8°.

La Valteline, ou Mémoires & Négociations ſur le ſujet des troubles ſurvenues en la Valteline. *Genêve*, 1535, *in*-8°.

Abrégé de l'Hiſt. générale des Suiſſes, par Plantin. *Genêve*, 1666, *in*-8.

Les Délices de la Suiſſe, par G. Kypſeler. *Leyde*, 1714, 4 *vol. in*-12. *fig.*

Sanctii Brocenſis Comment. in And. Alciati emblemata. *Lugd.* 1573, *in*-8°.

Etat préſent de l'Eſpagne, par de Veyrac. *Paris*, 1718, *in* 12.

XCI. Géographie Ancienne abrégée, par d'Anville. *Paris*, 1668, 3 *vol. in*-12.

Eclairciſſements Géographiques ſur l'ancienne Gaule, par le même. *Paris*, 1741, *in*-12.

Introduction à la Géographie. *Paris*, 1746, 2 *vol. in*-12.

Hiſt. du Chevalier Tyran-le-Blanc. *Londres*, 2 *vol. in*-8°.

Benedicti XIV, inſtitutiones Eccleſiaſticæ. *Lovanii*, 1762, 3 *vol. in*-8°.

Traité ſur les Miracles, par Jacques Serces. *Amſt.* 1729, *in*-8°.

Principes du droit Naturel & Politique, par Burlamaqui. *Genêve*, 1764, 2 *vol. in*-12.

Réflexions Morales de l'Empereur Marc Antonin. *Paris*, 1691, 2 *vol. in*-12.

Joannis Sambuci emblemata. *Antuerp.* 1566. — Hadriani

Junii Medici emblemata. *Antuerp.* 1565, — Ori Apollinis Hieroglyphica, gr. & lat. *Parisiis*, 1551, *in-8. fig.*

XCII. Mémoires de la Vie du Maréchal de Vieilleville. *Paris*, 1757, 5 *vol. in-8°.*

L'Autorité des Livres de Moyse établie & défendue contre les Incrédules, par du Voisin. *Paris*, 1778, *in-12.*

L'Autorité des Livres du Nouv. Testament contre les Incrédules, par le même. *Paris*, 1775, *in-12.*

Réponses Critiq. à plusieurs difficultés proposées par les nouveaux Incrédules sur divers endroits des Livres Saints, par Bullet. *Paris*, 1775, 3 *vol. in-12.*

Dissertations Préliminaires sur l'Histoire Civile & Ecclésiastique du Diocèse de Séez, par Esnault. *Paris*, 1756, *in-12.*

Code des Terriers, *Paris*, 1769, *in-12.*

Recueil de Discours sur diverses matières importantes, par Barbeyrac. *Amsterd.* 1731, 2 *tom. en* 1 *vol. in-12.*

Amusements de la Raison. *Paris*, 1752, 2 *vol. in* 8°.

Métaphysique de l'Ame, ou Théorie des Sentiments Moraux, traduit de l'Anglois de Smith. *Paris*, 1764, 2 *vol. in-8°.*

Traité de l'Excellence de la Religion, par Jacques Bernard. *Amst.* 1732, 2 *vol. in-12.*

Juliani Imperatoris Opera quæ extant omnia, gr. & lat. ex versione Petri Martini. *Paris.* 1583, 2 *vol. in-8°.*

XCIII. Les Œuvres de Rousseau. *Rotterdam*, 1712, 3 *vol. in-12.*

Maximes du Droit Public François. *Amsterd.* 1775, 6 *vol. in-12.*

Traité Politique & Economique des Chetels. *Dijon*, 1765, *in-12.*

Mémoires pour servir à l'Histoire de plusieurs hommes illustres de Provence. *Paris*, 1752, *in-12.*

Histoire de la ville de Sancerre, par Poupard. *Paris*, 1777, *in-12.*

Elémens de la Langue Angloise, par Peyton. *Lond.* 1761, *in-12.*

XCIV. Les Œuvres de Montesquieu. *Amst.* 1765, 6 *vol.* *in*-12.

Les Mém. de M. de Saint-Hilaire. *Amst.* 1766, 4 *vol. in*-12.

Longi Sophistæ Pastoralium, de Daphnide & Chloé, libri quatuor. *Hanoviæ*, 1605, *in*-12.

Discours Publics & Eloges, par Guiton de Morveaux. *Paris*, 1775, *in*-12.

De la Législation ou Principes des Loix, par Mably. *Amsterd.* 1776, *in*-12.

Du Gouvernement Civil de Locke. *Amst.* 1755, *in*-12.

Histoire de la ville de Cherbourg, par Mad. Retau Dufresne. *Paris*, 1760. — Hist. de St. Maur, par Ansart. *Paris*, 1772. — Mém. sur la fondation & le droit de nomination à la Cure de Ste Marguerite de Paris, 1738, *in*-12.

Jos. Cantelius de re Militari & Civili Romanorum. *Ultraj.* 1696. *in*-12. *fig.*

Les Fastes & Antiquités de Paris, par Bonffons. *Paris*, 1605. *fig.* — Les Antiqu. de Paris, par Gilles Corozet. *Paris*, 1586. — Origine des Gaulois, par Pascal. *Paris*, 1624.

Le Imagini de i Dei degli Antichi, racolte da Vincenzo Cartari Regianno. *Padua*, 1603, *in*-8°. *fig.*

XCV. Traité des Etudes, par Rollin. *Paris*, 1764, 4 *vol.* *in*-12.

Traduction de l'Enéide de Virgile, par Segrais, *Amsterd.* 1700, 2 *vol. in* 8°. *fig.*

L'Esprit de l'Encyclopédie. *Genève*, 1768, 6 *vol. in*-12.

De l'Usage des Romans, par Gordon de Percel. *Amsterd.* *Lug. Bat.* 1734, 2 *vol. in*-12.

L'Histoire justifiée contre les Romans, par Lenglet du Fresnoy. *Amst.* 1735, *in*-12.

Constantini Porphyrogennetæ Imperatoris opera, gr. & lat. 1617, *in*-8°. *m. r.*

Les Poésies de Martial de Paris, dit d'Auvergne. *Paris*, 1724, *in*-8°.

Hist. de Huon de Bordeaux, Pair de France. *Lyon*, 1612, *in*-8°.

La Théologie Nat. de Raymond Sebon. *Paris*, 1569, *in*-8.

De

De Imitatione Christi, Libri IV, ex recensione Valart. *Paris.* 1773, *in-12. fig. d. s. tr.*

Les Fondemens de la Politique, par Hobbes. *Amsterdam,* 1649, *in-8°*,

Palingenii Zodiacus Vitæ. *Roterodami*, 1722, *in-8°.*

Analyse des Traités des bienfaits & de la clémence de Séneque. *Paris*, 1776, *in-12. d. s. tr.*

XCVI. J. Bodin Universæ Naturæ Theatrum. *Lugd.* 1696, *in-8°.*

C. Crispi Salustii Opera. *Edimburgi*, 1755, *in-12.*

F. Vegetii Institutorum rei Militaris Libri V. *Lut.* 1762, *in-12.*

Expérience de l'Architecture Militaire. *Paris*, 1685, *in-12. fig.*

Traité des Monnoies, par Henri Poullain. *Paris*, 1709.

Erreurs populaires touchant la Médecine & le régime de santé, par Joubert. *Paris*, 1587, *in-12.*

Nemesii de Natura hominis, Liber unus. *Ant.* 1565, *in-12.*

Henric. Kornmann de Virginitate, Virginum statu & jure tractatus jucundus. *Coloniæ*, 1765, *in-12.*

Les trois Vérités, par Pierre Charon. *Bourdeaux*, 1595, *in-12.*

Jac. Vanierii prædium rusticum. *Paris. Barbou*, 1774, *in-12.*

F. Joseph. Desbillons, Fabulæ Æsopiæ. *Paris.* 1769, *in-12.*

Les Amours de Clitophon & de Leucipe. *La Haye*, 1735, *in-12.*

Poetæ minores Græci, gr. lat. *Cantabrigiæ*, 1652, *in-8°.*

Ocellus Lucanus, en Grec & en Franç. avec des Dissertations. *Berlin*, 1762, *in-12.*

Les Affections de divers Amants, 1743, *in-12.*

Plutarchi Liber quomodò juveni audienda sint Poemata, cum interpret. Hug. Grotii. *Glasguæ*, 1753, *in-12.*

Theocriti Opera. Græc. *Glasguæ*, 1746, *in-8.*

Quattro Comedie del divino Pietro Aretino, 1588, *in-12.*

Le nouveau Patelain, 1748, *in-12.*

XCVII. Biblia Sacra. *Lutetiæ, ex Officina R. Stephani*, 1645, *in-8°. m. r.*

Traité de l'état honnête des Chrétiens en leur accoustrement. *Genève*, 1580, *in* 8°.

Vocabularium Juris utriusque. *Neapoli*, 1760, 2 *vol. in*-8°.

La Cité de Dieu, de St. Augustin. *Paris*, 1675, 2 *vol. in*-8.

Les Confessions de Saint-Augustin, par Arnaud. *Paris*, 1667, *in*-8°.

Timée de Locres, en Grec & en Franç. *Berlin*, 1763, *in*-8.

Antonii Mizaldi Medici Opera varia, 1567 & *suiv.* 8 *vol. in*-8°.

L'Ordene de Chevalerie, par Barbazan. *Lausanne*, 1759, — Le Castoiement, ou Instruction du pere à son fils. *Paris*, 1760, *in*-8°.

XCVIII. Nouvelle Méthode pour apprendre facilement la Langue Grecque, par MM. de Port-Royal. *Paris*, 1696, *in*-8°.

XCIX. Mythographi Latini. *Amstel.* 1681, *in*-8°.

M. Fabii Quintiliani, de Institutione oratoria, Libri XII. *Londini*, 1716, *in* 8°.

G. H. Nieupoort, de Ritibus Romanorum. *Argentorati*, 1743, *in*-8°. *fig.*

Michaelis Pselli, de operatione Dæmonum Dialogus, gr. lat. & gal. *Lutet. Paris*, 1615, *in*-8°.

Chalcidii Timæus de Platonis translatus. Item ejusdem, in eundem Commentarius. J. Meursius recensuit. *Lugd. Batav.* 1617. *in*-8°.

Petri Abælardi & Heloissæ Epistolæ, curâ Rawlinson. *Lond.* 1718, *in* 8°.

Le Théâtre de la Nature Universelle de Bodin. *Lyon*, 1687, *in*-8°.

Furni novi philosophici, sive descriptio artis destillatoriæ novæ, per Joan. Rudolphum Glauberum. *Amstel.* 1661, *in*-8°. *fig.*

Delle Forze dell' Intendimento umano, o sia il Pironismo confutato, trattato di L. A. Muratori. *In Venezia*, 1756, *in*-8°. *br.*

Titi Petronii Arbitri Satyricon. *Amstel. Blaeu*, 1669, *in*-8.

Q. Horatii Flacci Opera, curante Valart. *Paris.* 1770, *in*-8.

Terentii Comediæ ad fidem optimarum editionum expressæ. *Edinburgi*, 1758, *in-8*.

100. Caii Plinii secundi Historia Naturalis, cum notis Gabr. Brottier. *Parisiis*, 1779, 6 *vol. in* 12. *d. s. t.*

Lamberti Bos ellipses Græcæ. *Lugd. Bat.* 1750 *in-8°*.

Antonius de Arena, Provençalis de bragardissima de Soleriis, ad suos Compagnones, qui sunt de persona friantes, bassas, dansas & branlos practicantes, nouvellos per quam plurimos mandat. *Londini*, 1758, *in-8*.

Poemata Didascalica. *Paris.* 1749, 3 *vol. in-8*.

Obras Escogidas de Don Francisco Quevedo Villegas. *En Amberes*, 1757, 2 *vol. in-8*.

Levini Lemni Occulta nat. Miracula. *Antverp.* 1567, *in-8*.

Les Occultes, Merveilles & Secrets de nature, par Leuin Lemne. *Paris*, 1574, *in-8*.

Aulus-Persius Flaccus, ex recognitione Philippi. *Lutet. Paris.* 1747, *in-12*.

C. Plinii Cœcilii secundi Epistolæ & Panegyricus, cum notis Lallemand. *Paris.* 1749, *in-12*.

Discours sur le Gouvernement, par Sidney. *La Haye*, 1702, 3 *tom. en* 1 *vol. in-8. m. r.*

Cinq Dialogues faits à l'imitation des Anciens, par Oratius Tubero. *Francfort*, 1716, *in-12*.

Conformités des Cérémonies modernes avec les anciennes, par Pierre Mussard, *Amsterd.* 1744, *in-8*.

Œuvres Poëtiques de Mellin de Saint-Gelais. *Paris*, 1719, *in-12*.

Dictionarium Medicum, vel expositiones vocum Medicinalium, 1564, *in* 8.

Platonis de rebus divinis Dialogi selecti, gr. & lat. *Cantab.* 1683, *in-8*.

Bœtii Consolationes Philosophiæ. *Paris.* 1656, *in* 8.

Benedicti Schmidt principia juris Germanici. *Norimbergæ*, 1756, *in-8*.

Les Erreurs & Abus ordinaires commis au fait de la Chirurgie, par Thevet. *Poitiers*, 1603, *in-12*.

CI. Institutions du droit de la Nature & des Gens, trad.

du Latin de Wolff, avec des notes de Luzac. *Leyde*, 1772, 6 *vol. in-12.*

Vida del Don Quixote de la Mancha. *En Haia*, 1744, 6 *vol. in-8. fig.*

P. Virgilii Maronis Opera. *Edinburgi*, 1755, 2 *vol. in-12.*

Mém. pour servir à l'Hist. d'Anne d'Autriche, par Mad. de Motteville. *Amsterdam*, 1723, 5 *vol. in-12.*

Œuvres de Jean Racine. *Paris*, 1767, 3 *vol. in-12. fig.*

Histoire ou Antiquité de l'Etat Monastique & Religieux, par le R. P. Claude Delle. *Paris*, 1699, 3 *vol. in-12.*

Amusements des Bains de Bade. *Londres*, 1739, *in-8. fig.*

Merlini Cocai Macaronicorum Opus. *Venetiis*, 1573, *in-12. fig.*

Diogenis Laertii de vitâ Philosophorum, libri. *Basileæ*, 1524, *in-4°.*

CII. Sylva Nuptialis *Parisiis*, *Kerver*, 1521, *in-8°.*

Dyonisii orbis Descriptio, græcè, cum veterum Scholiis. *Oxoniæ*, 1697, *in-8°. fig.*

Principi di scienza nuova di Giam Battista Vico. *In Napoli*, 1744, 2 *tom. en* 1 *vol. in-4.*

Dei delitti e delle pene. *In Monaco*, 1764, *in-8.* — Commentaire François sur cet Ouvrage.

Le Moine Sécularisé. *Cologne*, 1676, *in-12.*

Jac. Perizonii Ægyptiarum originum, & temporum investigatio. *Trajecti ad Rhenum*, 1736, 2 *vol. in-8.*

Hesiodi Ascræi quæ extant, gr. & lat. opera & studio Cornelii Schrevelii. *Lugd. Bat.* 1658, *in-8.*

La grande Monarchie de France, par de Seyssel. — La Loi Salique. *Paris*, 1540, *in-8.*

Sommaire, ou Epitome du Livre de Asse, par Guillaume Budé. *Paris*, 1527, *in 8. goth.*

CIII. Nouveau Traité de Géographie, par Busching. *Zullichow*, 1768, 14 *vol. in-8°. br.*

C. Taciti Opera, cum notis Brottier. *Parisiis*, 1776, 7 *vol in-12. br.*

CIV. Hist. Critique de l'Etablissement de la Monarchie Françoise dans les Gaules, par Dubos. *Paris*, 1742, 2 *vol. in-4.*

Bibliotheca Botanica digesta à Joanne Francisco Seguierio. *Lugd. Bat.* 1760, *in*-4.

Explication des divers Monuments singuliers qui ont rapport à la Religion des plus anciens peuples. *Paris*, 1739, *in*-4. *fig.*

Généalogie de la Famille de Clugny. *Dijon*, *in*-4.

Recherches Curieuses d'antiquités, par Spon. *Lyon*, 1683, *in*-4. *fig.*

Traité sur les Coutumes Anglo-Normandes. *Paris*, 1776, 2 *vol. in*-4. *br.* — Anciennes Loix des François, conservées dans les Coutum. Angloises, par Houard. *Rouen*, 1766, 2 *vol. in*-4.

Histoire des Celtes, par Pelloutier. *Par.* 1771, 2 *vol. in*-4.

Hist. Généalogiq. des Sires de Salins au Comté de Bourgogne, par Guillaume. *Besançon*, 2 *vol. in*-4.

Hist. de la ville de Toulouse, par J. Raynal. *Toulouse*, 1759, *in*-4.

Hist. Ecclésiastiq. & Civile de la Ville & Diocèse de Carcassonne, par le R. P. Bouges. *Paris*, 1741, *in*-4.

Mém. pour servir à l'Hist. Ecclésiastiq. Civile & Militaire de la Province de Vermandois. *Cambrai*, 1772, 3 *vol. in*-4.

Monde Primitif, analysé & comparé avec le Monde moderne, par Court de Gebelin. *Paris*, 1773, & *suiv.* 5 *vol. in*-4. *br.*

CV. Hist. de la Ville de la Rochelle, 1756, 2 *vol. in*-4. *fig.*

Histoire de l'Eglise de Meaux, par Dom Toussaint du Plessis. *Paris*, 1731, 2 *vol. in*-4.

Histoire Civile & Ecclésiastique du Comté d'Evreux, par le Brasseur. *Paris*, 1722, *in*-4.

Recherches & Mém. servants à l'histoire de l'ancienne Ville & Cité d'Autun, par Munier. *Dijon*, 1660, *in*-4.

Hist. de Foix, Bearn & Navarre, par Olhagaray. *Paris*, 1609, *in*-4.

De Ducibus & Comitibus Provincialibus Galliæ, Libri tres, autore Dadino Altessera. *Tolosæ*, 1643, *in*-4.

Leibnitii Acccessiones Historicæ. *Lipsiæ* 1699, 2 *vol. in*-4.

De la Souveraineté du Roi, par le Bret. *Paris* 1632, *in*-4.

Du Franc-Aleu & Origine des droits Seigneuriaux, par Galand. *Paris*, 1637, *in*-4.

Contre le Franc-Aleu, sans titre, prétendu par quelques Provinces au préjudice du Roi, 1629, *in*-4.

Traité Historiq. des Monnoies de France, par le Blanc. 1690, *in*-4. *fig.*

De Monetis & re Numaria, Libri duo, autore Budelio. *Coloniæ Agrippinæ*, 1691, *in*-4.

Harpocrationis Lexicon decem Oratorum, gr. & lat. ex versione N. Blancardi, cum notis Maussaci & H. Valesii. *Lugd. Bat.* 1633, *in*-4.

Harpocrationis Dictionarium in decem Rhetores, Gr. P. J. Maussacus emendavit, & notis illustravit. *Parisiis*, 1614, *in*-4.

Mercurialis de arte Gymnastica, Libri sex. *Amstel.* 1672, *in*-4. *fig.*

Gudelini de jure Feudorum Comment. *Lovanii*, 1624, *in*-4.

CVI. Histoire de la Milice Françoise, par le P. Daniel. *Amsterd.* 1724, 2 *vol. in*-4. *br.*

Hist. Générale des Cardinaux, par Aubery. *Paris*, 1642, 4 *vol. in*-4.

Poëtæ Latini rei Venaticæ Scriptores & Bucolici antiqui. *Lugd. Batav.* 1728, *in*-4.

Amort deductio critica quâ juxta sanioris criticæ leges moraliter certum redditur Thomam Kempensem, Librorum de Imitatione Christi autorem esse. *Augustæ Vindelicorum.* 1761, *in*-4. *fig.*

Marculfi Monachi aliorumq. auctorum formulæ veteres, editæ ab H. Bignonio. *Paris.* 1666, *in*-4.

Histoire Générale de l'Europe, par Robert Macquereau. *Louvain*, 1765, *in*-4.

Code de la Voyerie. *Paris*, 1735, *in*-4.

Recueil d'Ouvrages curieux de Mathématiq. & de Méchanique, par Grollier de Serviere. *Lyon*, 1719, *in* 4.

Hist. Chronologiq. de la Médecine & des Médecins, par Bernier. *Paris*, 1695, *in*-4.

Histoire de la Médecine, par le Clerc, *Amsterd.* 1723, 2 *tom. en* 1 *vol. in*-4.

Itinera per Helvetiæ Alpinas regiones facta, plurimis tabulis æneis illustrata, à J. J. Scheuchzero. *Lugd. Batav.* 1723, 2 *vol. in*-4.

Hist. des Pays & Comté du Perche & Duché d'Alençon, par Gilles Bry. *Paris*, 1620, *in*-4.
La Catelogne Françoise, par Casaneuve. *Tolose*, 1644, *in*-4.
Hist. des Comtes de Carcassonne, par Besse. *Beziers*, 1645, *in*-4.
Antonii Matthæi de Nobilitate, de Principibus, de Ducibus, de Advocatis Ecclesiæ, de Comitatu Hollandiæ & Diœcesi Ultrajectina, Libri IV. *Amst*. 1686, *in*-4°.
Dissertation sur les anciens Monuments de la ville de Bordeaux, par l'Abbé Venuti. *Bordeaux*, 1754, *in*-4.
Hist. de Blois, par Bernier. *Paris*, 1682, *in*-4.
Histoire de la Ville & du Diocèse de Toul, par le R. P. Benoît. *Toul*, 1707, *in*-4.
L'Usement du Domaine congeable de l'Evêché & Comté de Cornoaille, par Julien Furic. *Rennes*, 1664, *in*-4.

CVII. Bibliotheque Françoise de la Croix du Maine. *Par*. 1772, 6 *vol. in*-4.
Recueil des Rois de France, leurs Couronne & Maison, par Jean du Tillet. *Paris* 1618, *in*-4.
Discours sur la Religion des anciens Romains, par Guillaume du Choul. *Lyon*, 1581, *in*-4.
Opuscula & Epistolæ Hincmari Remensis Archiepiscopi. *Lutet. Parisiorum*, 1615, *in* 4.
Les Généalogies de soixante sept très-nobles & très-illustres Maisons, partie de France, partie Etrangères, &c. par Etienne de Cypre. *Paris*, 1632, *in* 4.
Philippi Cluveri Introductionis in Universam Geographiam, tam veterem quam novam, libri sex, cum notis variorum. *Amst*. 1729, *in*-4. *fig*.
Cellarii notitia Orbis antiqui, sive Geographia plenior. *Lipsiæ*, 1731, 1732, 2 *vol. in*-4.
Grammaire Hébraïque, par Ladvocat. *Paris*, 1755, *in*-8.
Homeri Ilias & Odissea, gr. & lat. & in easdem Scholia veterum, studio Josuæ Barnes. *Cantabrig*. 1711, 2 *vol. in*-4.
Hist. du Château & de la Ville de Gerberoy de siècle en siècle, par Jean Piler. *Rouen*, 1679, *in*-4.
Statuta Delphinalia. *Gratianopoli*, 1619, *in*-4.
Le Pouillé de Bourges, par Catherinot. *in*-4.

Traité du Comté de Caſtres, par David Deſos. *Toloſe*, 1633, *in*-4.

Mém. concernant le Comté-Pairie d'Eu, par Louis Froland. *Paris*, 1729, *in*-4.

Notice de l'ancienne Gaule, tirée des Monuments Romains, par d'Anville. *Paris*, 1760, *in*-4.

CVIII. Luciani Opera omnia græcè & latinè, cum nova verſione Tiber. Hemſterhuſii & Jo. M. Geſneri. *Amſt.* 1743, 4 *vol. in*-4.

Traité de l'Origine des Ducs & Duché de Brabant, par de Vaddere. *Bruxelles*, 1672, *in*-4.

Hadriani Relandi Palæſtina ex monumentis veteribus illuſtrata. *Trajecti ad Rhenum*, 1714, 2 *vol. in*-4. *fig.*

Monuments de la Mythologie & de la Poéſie des Celtes, par Mallet. *Copenhague*, 1756, *in*-4.

Œuvres de Bernard Paliſſy; avec des notes, par Faujas de Saint-Fond, & des additions, par M. Gobet. *Paris*, 1777, *in*-4.

Hiſt. de l'Etabliſſement du Chriſtianiſme, par Bullet. *Par.* 1764, *in*-4.

Recueil d'Antiquités dans les Gaules, par de la Sauvagere, *Paris*, 1770, *in*-4. *fig.*

Biblioteca dell' Eloquenza Italiana di G. Fontanini. *Venezia*, 1753, 2 *vol. in*-4.

Corpus Juris Civilis. *Amſt.* 1700, *in*-8.

Due Trattati di Benvenuto Cellini, uno Dell'Oreficeria, l'altro della Scultura. *In Firenze*, 1731, *in*-4.

Scriptores rei Ruſticæ veteres Latini, curante Jo. M. Geſnero. *Lipſiæ*, 1735, 2 *vol. in*-4.

Deſcription de l'Egypte, par le Maſcrier. *Paris*, 1735, *in*-4. *fig.*

Bibliotheca Rethorum, autore le Jay. *Pariſ.* 1725, 2 *vol. in*-4.

CIX. Leibnitii Opera omnia, *Lauſannæ & Genevæ*, 1745, 8 *vol. in*-4. *fig.*

Œuvres Philoſophiq. lat. & franç. de Leibnitz, par Raſpe. *Amſt.* 1765, *in*-4.

CX.

CX. Joannis Nicolai tractatus de Siglis veterum. *Lugd. Bat.* 1706, *in*-4.

Histoire de Tournay, par Jean Cousin. *Douay*, 1620, 2 *vol. in*-4°.

Mémoires d'Olivier de la Marche. *Bruxelles*, 1616, *in*-4°.

De Bello contra Turcas prudenter gerendo, Libri varii, curâ Hermanni Conringii. *Helmestadi*, 1664, *in*-4°.

Geoponicorum sive de re Rustica, Libri XX, gr. & lat. cum notis Needham. *Cantabrigiæ*, 1704, *in*-8°.

Steph. Blancardi Lexicon Medicum renovatum, cum additionibus Joan. Henr. Schulzii. *Lovanii*, 1754, *in*-8°.

Nova Clavis Homerica, studio J. Schavfelbergeri. *Turici*, 1761, 2 *vol. in*-8°.

Osservazioni istoriche sopra i sigilli antichi, di D. M. Manni. *In Firenze*, 1739, 2 *vol. in*-4°. *fig.*

CXI. Lucrece, traduct. nouv. avec des notes, par M. la Grange. *Paris*, 1768, 2 *vol. in*-8°.

Prosperi Alpini Medicina Ægyptiorum. *Lugd. Bat.* 1745, *in*-4°.

La Légende des Flamens. *Paris*, 1522, *in*-4°. *got.*

Des Droits de Tiers & Danger, Grurie & Grairie, par Berault. *Rouen*, 1725, *in*-4°.

Défense pour les Particuliers qui possedent des bois en Normandie contre la prétention des droits de Tiers & Danger, 1673, *in*-4°.

Traité des Péages, par de Vauzelles. *Lyon*, 1550, *in*-8°.

La Recherche des Droits du Roi & de la Couronne de France, par de Cassan. *Paris*, 1632, *in*-4°.

Everhardi Feithii, antiquitatum Homericarum, Libri IV. *Argentorati*, 1743, *in*-12. *fig.*

J. Mantelii Historia Lossencis, cui adjecta sunt diplomata Lossensia, studio L. Robyns. *Leodii*, 1717, *in*-4°.

La Nouvelle Troye, ou Mémorable Histoire du Siège d'Ostende, 1601 à 1604, par Henry Haestens. *Leyde*, 1615, *in*-4°. *fig.*

CXII. Istoria Diplomatica che serve d'introduzione all'arte critica in tal materia. *In Mantova*, 1737, *in*-4.

Diplomatique Pratique, ou Traité de l'arrangement des Archives, par le Moine. *Metz*, 1765, *in-4.*

Défense des Titres & des Droits de l'Abbaye de S. Ouen, 1743, *in-4. br.*

Histoire de l'Astronomie ancienne, par Bailly. *Paris*, 1775, *in-4.*

Vita di Benvenuto Cellini. *In Colonia*, *in-4.*

Nouveau Traité de Diplomatique, par deux Religieux Bénédictins. *Paris*, 1750, *6 vol. in-4.*

Sceau de la Diplomatique, *in-4.*

Cartes de la Diplomatique, *in-4.*

— Idem, *in-fol. oblong.*

CXIII. L'Art de vérifier les Dates, par les Bénédictins. *Paris*, 1750, *in-4.*

Voyages faits en Asie, par Bergeron. *La Haye*, 1735, *2 vol. in-4. fig.*

Antropologie, par de Gorini Corio. *Genêve*, 1761, *in-4.*

Diplomata Comitatus de Reckeim. *Coloniæ Agrippinæ*, 1657, *in-4. fig. br.*

Essai Philosophique sur l'entendement humain, par Locke. *Amst.* 1700, *in-4.*

Voyages de Shaw dans plusieurs Provinces de la Barbarie & du Levant. *La Haye*, 1743, *2 tom. en 1 vol. in-4. fig. br.*

R. Cudworti Systema intellectuale hujus universi. *Lugd. Bat.* 1773, *2 vol. in-4.*

Nomenclator Agriculturæ, aut. Carolo de Aquino. *Romæ*, 1736, *in-4.*

Dictionnaire de l'Académie Françoise. *Par.* 1765, *2 vol. in-4°.*

CXIV. Demonstratio immortalitatis animæ rationalis, autore Kenelmo. *Parisiis*, 1651, *in-fol.*

Veterinariæ Medicinæ libri duo, Joanne Ruellio interprete. *Parisiis*, 1530, *in-fol.*

Histoire des Ordres Royaux, Hospitaliers-Militaires de Notre-Dame du Mont-Carmel & de S. Lazare de

Jerusalem, par Gautier de Sibert. *Paris*, 1772, *in-4°.*
Bibliotheque Historique de la France, par Jacques le Long, revue par M. Fevret de Fontette. *Par.* 1768 & *suiv.* 5 *vol. in-fol.*

CXV. Ordonnances des Rois de France, recueillies par ordre chronologique, par de Lauriere, Secousse & Villevaut. *Paris*, 1723 & *suiv.* 12 *vol. in-fol.*

CXVI. Nouveau Coutumier général, par de Richebourg. *Paris*, 1724, 4 *vol. in-fol.*

CXVII. Les Coutumes & Loix des Villes & Châtellenies du Comté de Flandres, par le Grand. *Cambrai*, 1719, 3 *vol. in-fol.*
L'Art de vérifier les Dates. *Paris*, 1770, *in-fol.*

CXVIII. Ph. Cluverii Germaniæ antiquæ libri tres, adjectæ sunt vindelicia & noricum ejusdem auctoris. *Lugd. Bat.* 1631, *in-fol. fig.*
Lazii de gentium aliquot migrationibus, sedibus fixis, reliquiis, linguarumque initiis & immutationibus ac dialectis libri XII. *Francofurti*, 1600, *in-fol.*
Histoire généalogique & chronologique de la Maison Royale de France, par le P. Anselme, *Paris*, 1726, 9 *vol. in-fol.*

CXIX. Vocabolario portatile per agevolare la lettura degli autori Italiani ed in specie di Dante. *Parigi*, *appresso Marcello Prault*, 1768, *in*-12. — Il Templo di Gnido. *Parigi*, 1767, *in*-12. — Orlando furioso di Ludovico Ariosto. *Parigi*, 1768, 4 *vol. in*-12. — Il Morgante Maggiore, di Luigi Pulci, 1768, 3 *vol. in*-12. — Il Malmantile Racquistato di Lorenzo Lippi, *in*-12. — Il Pastor fido del Cav. Guarini. *In Parigi*, 1768, *in*-12. — Aminta favola Boscareccia di Torquato Tasso. *Parigi*, 1768, *in*-12. — Il Decamerone di Giovanni Boccaccio, 1768, 3 *vol. in*-12. — Le Rime di Francesco Petrarca. *Parigi*, 1768,

2 *vol. in-*12. — Opere di Niccolo Macchiavelli, coll'aggiunta delle inedite, 1768, 8 *vol. in-*12. — Il Torracchione desolato di Bartolommeo Corsini, con alcune Spiegazioni del suo Anacreonte Toscano, 1768, 2 *vol. in* 12. — La Divina Commedia di dante Alighieri. *Parigi*, 1768, 2 *vol. in-* 12. — La Jerusalemme liberata di Torquato Tasso. *Parigi*, 1768, 2 *vol. in-*12. — Ricciardetto di Nicolo Carteromaco, 1767, 3 *vol. in-*12. — La Secchia rapita di Alessandro Tassoni arricchita di annotazioni. *Parigi*, 1768, *in-*12. *Ce corps forme* 35 *vol.*

CXX. Orlando innamorato di Matteo M. Bojardo, Rifatto da Francesco Berni. *Parigi*, *Molini*, 1768, 4 *vol. in-*12.

Il Pastor fido del Cavalier Gio. Batt. Guarini, Ital. & Franç. *Parigi*, *Nyon*, 1759, 2 *vol. in-*12.

Di Tito Lucrezio caro della natura delle cose libri VI, tradotti da Alessandro Marchetti. *In Londra*, 1761, *in-* 12.

Orlandino di Limerno Pitocco, corretto ed arricchito di annotazioni. *Londra*, 1775, *in-*12.

Opere varie di Ludovico Ariosto. *Parigi*, *Lambert*, 1776, 3 *vol. in-*12. *d. f. t.*

Opere di Cornelio Tacito, tradotte da B. Davanzati. *In Parigi*, 1760, 2 *vol. in-*12.

Devis sur la vigne, vin & vendanges d'Orl. de Suave, auquel la façon ancienne du plant, labour & garde est découverte & réduite au présent usage. *Paris*, 1549, *in-* 8°.

CXXI. Quinti Horatii Flacci Poemata, cum notis & Commentariis J. Bond. *Aurelianis*, *Couret de Villeneuve*, 1767, *in-*12. *v. f. d. f. t.*

Characteristicks. A Lettere concerning enthusiasm. &c. *Printed in the Yeav*, 1749, 3 *vol. in-*12.

La nouvelle fabrique des excellens traits de vérité, Livre pour inciter les rêveurs tristes & mélancoliques à vivre de plaisir, par Philippe d'Alcripe, *in-*12.

Vegetius de re Militari. *Lutetiæ*, 1762, *in*-12.

Satire del Cavalier dotti. *Ginevra*, 1757, *in*-12.

Cornelii Celſi de re Medica libri octo. *Pariſiis*, 1772, *in*-12. *d. ſ. t.*

Vie de B. de Spinoſa, par Jean Colerus. *La Haye*, 1706, *in*-8°.

Satire di Salvator Roſa. *In Amſt.* 1719, *in*-8.

Horatius, cum interpretatione P. Rodellii. *Toloſæ*, 1683, *in*-8°.

Hiſtoire de la ville de Lille, par Tirou. *Lille*, 1730, *in*-12.

Les Délices de l'Eſpagne & du Portugal. *Leyde*, 1707, 5 *vol. in*-12. *fig.*

CXXII. C. Plinii ſecundi Naturalis Hiſtoriæ. *Lugd. Batav. ex officinâ Elſeveriana*, 1635, 3 *vol. in*-12. *manque le tom.* 1.

Les Poéſies du Roi de Navarre. *Paris*, 1743, 2 *vol. in*-8°.

Obſervations curieuſes ſur toutes les parties de la Phyſique. *Paris*, 1730, 3 *vol. in*-12.

Le Zodiaque de la vie humaine, trad. du latin de Palingene, par de la Monnerie. *Lond.* 1733, 2 *vol. in*-12.

Nouvelle Deſcription de la France, par Piganiol de la Force. *Amſterd.* 1719, 6 *vol. in*-12. *fig.*

L'Hiſtoire du Droit Romain, par de Ferriere. *Paris*, 1760, *in*-12.

Entretiens de Petrarque ſur la bonne & mauvaiſe fortune, ou l'Art de vivre heureux. *Paris*, 1673, 2 *vol. in*-12.

CXXIII. T. Livii Patavini Hiſtoriarum libri ex recenſione J. F. Gronovii. *Lugd. Batav.* 1654, 3 *vol. in*-12.

N. Machiavelli Hiſtoriæ Florentinæ, libri octo. *Lugd. Bat.* 1645, *in*-12.

Jocorum & ſeriorum centuriæ aliquot, autore O. Melandro. *Francofurti*, 1603, *in*-12.

Le Proſe del Signor Torquato Taſſo. *In Venetia*, 1692, 2 *vol. in*-12.

Les Partisans démasqués. *Cologne*, 1707, *in*-12.

Annales de la Cour & de Paris. *Cologne*, 1739, 2 *vol.* *in*-12.

Désabusement des esprits vains, qui s'amusent à chercher dans l'art ce qui n'est que dans la nature, & dans la nature ce qu'elle n'a pas, par Louis Pascal. *Tolose*, 1626, *in*-12.

De l'usage des passions, par le P. Senault, de l'Oratoire. *Paris*, 1643, *in*-12.

De Imitatione Christi libri, ex recensione Valart. *Paris.* 1764, *in*-12. *d. s. t.*

Entretiens du sage Ministre d'Etat, sur l'égalité de sa conduite en faveur & en disgrace. *Leyden*, 1652. — Le Corps Politique, ou les Elémens de la Loi morale & civile, par Thomas Hobbes. *Leyde*, 1653.—Discours Politique, par lequel chacun peut être éclairci des justes procédures de ceux de la Religion Réformée, 1597, *in*-12.

CXXIV. Rime del Berni. *In Venetia*, 1627, 4 *tom. en* 2 *vol. in*-12.

Voyage de Suisse & d'Italie, par Burnet. *Rotterd.* 1718, 2 *vol. in*-12.

Augustini Niphi Medicis de pulchro & amore libri. *Lugd. Batav.* 1641, 2 *vol. in*-12.

Les facécieuses Nuits de Jean-François Straparole. *Lyon*, 1572, 2 *vol. in*-12.

Fabliaux & Contes des Poëtes François des douze, treize, quatorze & quinzieme siecles. *Paris*, 1756, 3 *vol.* *in*-12.

Hist. Maccaronique de Merlin Coccaie. *Par.* 1706, 2 *vol.* *in*-12.

Histoire de l'admirable Don Quixotte de la Manche. *Amst.* 1692, 4 *vol. in*-12. *fig.*

Grammaire Hébraïque, par Ladvocat. *Paris*, 1755, *in*-8°.

CXXV. Abrégé Chronologique de l'Histoire de France,

avec l'avant-Clovis, par de Mezeray. *Bruxelles*, *Amst.* 1682 & 1700, 7 *vol. in*-12.

Sethos, Hist. ou Vie tirée des Monumens anecdotes de l'ancienne Egypte. *Paris*, 1731, 3 *vol. in*-12.

Traité des Institutions & Substitutions contractuelles, par Eusebe de Lauriere. *Paris*, 1715, 2 *vol. in*-12.

Recueil de Poésies Chrétiennes & diverses de la Fontaine. *Paris*, 1682, 3 *vol. in*-12.

Voyage en Sybérie, par Gmelin. *Paris*, 1767, 2 *vol. in*-12.

Histoire de Guzman d'Alfarache, par le Sage. *Paris*, 1732, 2 *vol. in*-12.

Traité de Physique, d'Histoire Naturelle, de Minéralogie & de Métallurgie, par Lehmann. *Paris*, 1759, 3 *vol. in*-12. *fig.*

CXXVI. Poesie del Pietro Metastasio. *Parigi*, 1773, 6 *vol. in*-12. *br.*

Ninfale Fiesolano o sia l'innamoramento di Affrico e Mensola. *Londra*, *Parigi*, 1778, *in*-12. *br.*

Lettres de Pline le jeune. *Paris*, 1760, 2 *vol. in*-12.

Opere volgari di Jacopo Sanazzaro. *In Venezia*, 1741, 2 *vol. in*-12.

Histoire Naturelle de l'Univers, par Colonne. *Paris*, 1734, 4 *vol. in*-12.

CXXVII. Livres imparfaits, dont Lettres à un Américain, par de Lignac. *Hambourg*, 1751, 5 *vol. in*-12.

CXXVIII. Livres imparfaits, dont Entretiens Mathémat. du P. Regnault, 3 *vol. in*-12. *fig. manque le tom.* 1.

CXXIX. Breviarium Parisiense, pars vernalis, & pars hiemalis. *Parisiis*, 1778, 2 *vol. in*-12. *d. s. t.*

L'Usage & les fins de la Prophétie, traduits de l'Anglois de Sherlock, par le Moine. *Amsterd.* 1733, *in*-8.

Elémens de la Langue Russe. *Saint-Petersbourg*, 1768, *in*-8°.

Prælectiones Poeticæ, Philosophiæ Naturalis autore J. Trapp. *Londini*, 1736, 2 *vol. in*-12.

Itinerarium Benjaminis Hebraicè & Latinè, cum versione & notis Constantini l'Empereur. *Lugd. Batav. Elzevir*, 1633, *in*-12.

Recherches Philosophiques sur la nécessité de s'assurer par soi-même de la vérité, &c. *Rotterdam*, 1743, *in*-8.

Les anciens Minéralogistes de France, avec des notes, par M. Gobet. *Paris*, 1779, 2 *vol. in*-8. *br.*

Œuvres diverses du Docteur Young, trad. de l'Anglois par le Tourneur. *Paris*, 1770, 4 *vol. in*-12. *dont deux brochés.*

Œuvres de Chaulieu. *Amsterd.* 1757, 2 *vol. in*-12.

Antonius de arena Provençalis de bragardissima villa de Soleriis, ad suos Compagnones, qui sont de persona friantes, bassas, dansas & branlos, practicantes nouvellos perquam plurimos mandat. *Paris*, 1631, *in*-12. *rel. en parch.*

Curiosités inouies sur la Sculpture Talismanique des Persans, &c. par Gaffarel, 1650, *in*-8.

CXXX. Histoire Universelle de Diodore de Sicile, trad. en franç. par l'Abbé Terrasson. *Paris*, 1737, 4 *vol. in*-12.

CXXXI. Cartes de la Géographie ancienne, par MM. d'Anville & Delisle, *in-fol.*

Atlas de d'Anville. *Paris*, 1760, *in-fol.*

Atlas de Delisle. *Paris*, 1720, *in-fol.*

Cartes & Tables de la Géographie physique ou naturelle, 1757, *in-fol.*

Cartes des Pays-Bas & des frontieres de France, 1712, *in-fol.*

Plan de la ville de Paris, dressé par les ordres de M. Turgot, 1734, *in-fol.*

Pet. Divæi Opera varia. *Lovanii*, 1757, *in-fol.*

CXXXI *bis.* Histoire du Monde, par Chevreau. *La Haye*, 1698, 5 *vol. in*-12. *d. s. t.*

Histoire

Hiſtoire du monde ſacré & profane, par Shuckford. *Paris*, 1752, 3 *vol. in* 12.

L'Origine des Dieux du Paganiſme, par Bergier. *Paris*, 1767, 2 *vol. in*-12.

L'Hiſtoire & la Religion des Juifs, par Baſnage. *Rotterd.* 1707, 6 *vol. in*-12.

Hiſtoire des Juifs, par Prideaux. *Paris*, 1726, 7 *vol. in*-12. *fig.*

Eſſai ſur l'état du commerce d'Angleterre. *Lond.* 1755, 2 *vol, in*-12.

Diſcours touchant le point de vue, dans lequel il eſt prouvé que les choſes qu'on voit diſtinctement, ne ſont vues que d'un œil, par Seb. le Clerc. *Par.* 1679, *in*-12. *fig.*

CXXXII. Un Chrétien contre ſix Juifs. *La Haye*, 1777, *in*-8°.

Diſſertations ſur diverſes matieres de Religion & de Philologie, par de Tilladet. *Paris*, 1712, *in*-12. 2 *vol. br.*

Inſtitutions au Droit Public d'Allemagne. *Straſbourg*, 1771, *in*-8. *br.*

Traduction des Statuts Civils de l'Iſle de Corſe, par Serval. *Toulon*, 1769, *in*-8°, *br.*

Les Elémens de la Langue Allemande, par de la Pierre. *Straſbourg*, 1756, *in*-12. *br.*

Spectacle du Feu élémentaire, par Rabiqueau. *Paris*, 1753, *in*-8. *fig. br.*

Recueil de différens Traités de Phyſique & d'Hiſtoire Naturelle, par Deſlandes. *Paris*, 1750, 4 *vol. in*-12. *fig. br.*

Hiſtoire Naturelle de Languedoc, par de Genſſane. *Montpellier*, 1776, 3 *vol. in*-8. *fig. br.*

Expoſition des Mines, par Monnet. *Lond.* 1772, *in*-12. *broch.*

Les anciens Minéralogiſtes de France, avec des notes, par M. Gobet. *Paris*, 1779, 2 *vol. in*-8. *br.*

Plan du Traité des Origines Typographiques, par Méerman. *Amſterd.* 1762, *in*-8. *br.*

Traités historiques & critiques sur l'origine & les progrès de l'Imprimerie, par Fournier le jeune. *Paris*, 1758, *in*-8. *br.*

Réflexions sur la mauvaise qualité du plâtre, par Ferroussat. *Paris*, 1776, *in*-8. *br.*

L'Art de rendre les femmes fidelles. *Paris*, 1779, 2 *vol. in*-12. *br.*

Orationes Demosthenis & Eschinis gr. & lat. *Cantabrigiæ*, 1769, 2 *vol. in*-8. *br.*

Delle Satire è rime del Ariosto libri II. con le annotazioni di P. Rolli. *Amburgo*, 1732, *in*-8. *br.*

Lettres sur l'Atlantide de Platon & sur l'ancienne Histoire d'Asie, par Bailly. *Paris*, 1779, *in*-8. *br.*

Œuvres de Voltaire incomplettes, 1770, 51 *vol. in*-8°. *broch.*

Opere di Carlo Goldoni. *In Venezia*, 1761, 17 *vol in*-8°. *br. manque le tom.* 5.

Opuscules de Feutry. *Dijon*, 1779, *in*-8. *br.*

Description & Voyages de l'Arabie, par Niebuhr. *Amst.* 1773, 3 *vol. in*-4°. *fig. br.*

Nouveaux Mémoires sur l'Italie & sur les Italiens, trad. du Suédois. *Londres*, 1764, 3 *vol. in*-12. *br.*

Histoire de la Russie, par Lomonossow, trad. de l'Allemand. *Paris*, 1773, *in*-8°. *avec cartes.*

Recherches & Antiquités de la ville de Caen, par de Bourgueville. *Caen*, 1588, *in*-8. *br.*

Observations sur l'Histoire de Lille. *Avignon*, 1765, *in*-12. *br.*

Histoire de l'Académie Royale des Inscriptions & Belles-Lettres, *tom.* 15, 55, 56, 57, 58, 59. *Paris*, 1773, *in*-12. *br.*

Catalogue de la Bibliotheque de M. Falconnet. *Paris*, 1763, 2 *vol. in*-8. *br.*

CXXXIII. Lettres du Cardinal Bentivoglio, ital. & franç. *Paris*, 1720, *in*-8°.

Histoire des Plantes qui naissent aux environs de Paris, par Piton de Tournefort. *Paris*, 1698, *in*-12.

La Vie de Christophe Colomb. *Paris*, 1681, 2 *vol.* *in*-12.

Pensées de Ciceron, par d'Olivet. *Paris*, 1764, *in*-12.

La Théorie des Songes, par Richard. *Paris*, 1766, *in*-12.

S. Werenfelsii Dissertationum volumina duo, de Logomachiis eruditorum, &c. *Amst.* 1716, 2 *vol.* *in*-12.

CXXXIV. Traité du pouvoir du Magistrat politique sur les choses sacrées, traduit du latin de Grotius. *Lond.* 1751, *in*-12.

Anecdotorum historiam ac jus publicum illustrantium Collectio, edita ab A. F. Glafey. *Lipsiæ*, 1734, *in*-8.

Curiosités de la Nature & de l'Art sur la Végétation, par de Vallemont. *Paris*, 1710, *in*-12. *fig.*

Elémens de Chymie théorique & pratique. *Dijon*, 1777, 3 *vol.* *in*-12.

Religio Medici. *Argentorati*, 1652, *in*-12.

La Cuisiniere Bourgeoise. *Paris*, 1769, 2 *vol.* *in*-12.

Recherches historiques sur la Noblesse de Perpignan, par l'Abbé Xaupi. *Paris*, 1763, *in*-12.

Traité sommaire des Coquilles, par Geofroy. *Par.* 1767. — Mémoires sur quelques Fossiles d'Artois, 1765. — Examen des Coquilles & du Tuf de la Touraine, par Raulin. *Paris*, 1776.

Cronica Veneta sacra e profana. *Venezia*, 1736, *in*-12.

Les Idylles de Bion & de Moschus, trad. du grec. en vers franç. avec le grec à côté. *Paris*, 1686, *in*-12.

Les Œuvres Poétiques du sieur d'Alibray. *Paris*, 1653, *in*-12.

Trésor de Sentences dorées & argentées, par Meurier. *Cologny*, 1617, *in*-12.

G. Ducherii Epigrammaton libri duo. *Lugd.* 1538, *in*-12.

Cartes des environs de Paris. *Paris*, 1772, *in*-8°.

CXXXV. Le Guide, ou nouvelle Description d'Amsterdam. *Amst.* 1720, *in*-12. *fig.*

Les Œuvres de Jean Rudolphe Glauber, mises en franç. par du Teil. *Paris*, 1659, 2 *vol. in*-12.

Les Devoirs de l'Homme & du Citoyen, traduits par Barbeyrac. *Amsterd.* 1718, 2 *vol. in*-12.

L'Ane d'or d'Apulée. *Paris*, 1770, 2 *vol. in*-12. *fig.*

Les Délassemens champêtres. *La Haye*, 1767, 2 *vol. in*-12.

Essais de Théodicée sur la bonté de Dieu, la liberté de l'homme, & l'origine du mal, par Leibnitz. *Amsterd.* 1734, 2 *vol. in*-12.

Recueil de Lettres galantes & amoureuses d'Héloïse à Abailard. *Amst.* 1699, *in*-12.

La Vie du Cardinal de Richelieu, par le Clerc. *Amsterd.* 1724, 3 *vol. in*-12.

Joannis Clerici Opera philosophica. *Amst.* 1732, 4 *vol. in*-12. *fig.*

Quinti Sereni Samonici de Medicina præcepta, Carmine heroico conscripta. R. Keuchenius emendavit. *Amst.* 1706, *in*-8.

CXXXVI. Observationes selectæ ad rem Litterariam spectantes. *Halæ Magdeburgicæ*, 1700, 7 *vol. in*-12.

XII Panegyrici veteres. J. Livineius notis illustravit. *Antuerpiæ*, 1699, *in*-12.

De re rusticâ selectorum J. A. Brassicani opera in lucem editi, libri XX. gr. *Basileæ*, 1539, *in*-8. *m. r.*

Hist. Naturelle de la Parole, par Court de Gebelin. *Paris*, 1776, *in*-8. *fig.*

Massoni Fluminum Galliæ Descriptio. *Paris.* 1678, *in*-12.

Histoire des Révolutions de la Haute Allemagne. *Zurich*, 1766, 2 *vol. in*-12.

Compendium Elementorum Matheseos Universæ, adornatum à Christiano Wolfio. *Lausan.* 1742, 2 *vol. in*-12.

Platinæ Cremonensis de honestâ voluptate, de ratione victus & modo vivendi, de naturâ rerum & arte coquendi libri X. *Coloniæ*, 1529, *in*-8.

CXXXVII. Recueil de choses mémorables advenues en

France ſous les regnes de Henri II, François II, Charles IX, Henri III & Henri IV. *Heden*, 1603, *in*-8°.

Traité des Arcbuſades, par L. Joubert. *Lyon*, 1581, *in*-12.

Uniformes Militaires, par de Montigny. *Paris*, 1773, *in*-12. *gravés & colorés.*

Dialogues vpon the uſefulneſſ of ancient Medals, By Joſ. Addiſſon. *Glaſcow*, 1751, *in*-12. *br.*

Livre d'or de Marc Aurele, trad. par de la Griſe. *Paris*, 1537, *got.*

CXXXVIII. Recherches Philoſophiques ſur l'origine des idées que nous avons du beau & du ſublime. *Londres*, 1765, 2 *vol. in*-12. *br.*

Les Hiſtoires d'Herodote, trad. par du Ryer. *Par.* 1677, 3 *vol. in*-12.

Les Œuvres de Virgile, trad. en françois, par des Fontaines. *Amſterd.* 1759, 4 *vol. in*-12.

Nouvelles Obſervations Microſcopiques, par Needham. *Paris*, 1750, *in*-12. *fig.*

CXXXIX. Eſſais de Chymie ſur la chaux vive, par Dreux. *Paris*, 1766, 2 *vol. in*-12.

Chymie Métallurgique, par Gellert. *Paris*, 1758, 2 *vol. in*-12. *fig.*

Le Conte du Tonneau, du Docteur Swiſt. *La Haye*, 1757, 3 *vol. fig.*

Œuvres diverſes de Locke. *Amſt.* 1732, 2 *vol. in*-12.

Hudibras, Poëme, en Franç. & en Anglois. *Londres*, 1757, 3 *vol. in*-12. *fig.*

Les trois Livres de la vie, par de la Boderie. *Paris*, 1581, *in*-12.

Eſſai Philoſophique ſur l'ame des bêtes. *Amſterd.* 1728, *in*-12.

Remarques ſur la Langue Françoiſe, par l'Abbé d'Olivet, *Paris*, 1767, *in*-12.

Hiſtoire abrégée de la ville d'Utrecht, *Utrecht*, 1713, *in*-12.

Histoire du Tremblement de terre arrivé à Lima. *Paris*, 1752, *in*-12. *fig.*

Les Soliloques, par le Comte de Shaftesbury. *Londres*, 1771.

CXL. Fables nouvelles, par de la Motte. *Amst.* 1727, *in*-12.

Contes & Fables Indiennes, de Bidpaï & de Lokman, par Cardonne. *Paris*, 1778, 3 *vol. in*-12.

Mélanges de Littérature Orientale, par le même. *Paris*, 1770, 2 *vol. in*-12.

J. Becheri Opuscula Chymica rariora, illustrata à F. Scholtzio. *Norimbergæ*, 1719, *in*-8. *fig.*

Histoire de Tacite en lat. & en franç. par Dotteville. *Paris*, 1772, 2 *vol. in*-12. *br.*

Collection de différens morceaux sur l'Histoire Naturelle & Civile des Pays du Nord, par de Keralio. *Paris*, *in*-12. *fig.*

Les effets de la force de la contiguité des corps, par le P. Cherubin. *Paris*, 1700, *in*-12. *fig.*

La nouvelle Agriculture, par Pierre de Quiqueran de Beaujeu. *Tournon*, 1616, *in*-8.

Lettre au Prince Royal de Suede, par le Comte de Tessin. *Paris*, 1755, 2 *vol. in*-12.

Recueil des Rits & Cérémonies du Pélerinage de la Mecque, par Galland. *Paris*, 1754, *in*-8.

Les Voyages du sieur de Villamont. *Arras*, 1605, *in*-8.

CXLI. Voyages de Richard Pockocke. *Par.* 1772, 6 *vol. in*-12.

Recueil des Voyages de Thevenot. *Paris*, 1682, *in*-8.

Voyages d'Italie, de Dalmatie, de Grece & du Levant, par Spon & Weler. *La Haye*, 1724, 4 *vol. in*-12. *fig.*

Voyage du tour du Monde, par Gemelli Carreri. *Paris*, 1719, 6 *vol. in*-12. *fig.*

Le Voyage d'Italie & du Levant, par Fermanel, Fauvel,

Baudouin & de Stochove. *Rouen*, 1687, *in*-12.

Voyage fait par terre jusqu'à la Chine, par de Feynes. *Paris*, 1630, *in*-8.

Histoire du grand Royaume de la Chine situé aux Indes Orientales, trad. en franç. par Luc de la Porte. *Paris*, 1588, *in*-8.

Relation du Voyage de l'Amérique Occidentale, par Paul Boyer. *Paris*, 1654, *in*-8.

Histoire de Timurbec. *Paris*, 1722, 3 *vol. in*-12.

Histoire du grand Genghizcan, par Petis de la Croix. *Paris*, 1710, *in*-12.

Relation des Voyages en Tartarie de Guillaume de Rubruquis, par Bergeron. *Paris*, 1634, *in*-8.

Le Voyageur d'Europe où est le Voyageur de Turquie, qui comprend la Terre-Sainte & l'Egypte, par Jouvin. *Paris*, 1676, *in*-12.

Voyage en Turquie & en Perse, par Otter. *Paris*, 1748, 2 *vol. in*-12.

Nouveau Voyage au Levant, en 1731 & 1732, par Tollot. *Paris*, 1742, *in*-12.

Voyages au Levant, en 1749, 50, 51 & 52, par Fred. Hasselquist. *Paris*, 1769, *in*-12.

Voyage d'Alep à Jérusalem par Maundrell. *Paris*, 1706, *in*-12. *fig.*

Voyage fait par ordre du Roi, dans la Palestine, par de la Roque. *Paris*, 1717, *in*-12. *fig.*

Voyages de François Bernier, contenant la description des Etats du Grand Mogol. *Amst.* 1724, 2 *tom. en* 1 *vol. in*-12. *fig.*

Nouveau Voyage de Grece, d'Egypte, de Palestine, d'Italie, de Suisse, d'Alsace & des Pays-Bas. *La Haye*, 1724, *in*-12.

Description de la Livonie. *Utrecht*, 1745, *in*-12. *fig.*

Le Miroir Ottoman, par de la Magdeleine. *Basle*, 1677, *in*-12.

Observations sur la Religion, les Loix, le Gouvernement & les Mœurs des Turcs. *Londres*, 1769, *in*-12.

CXLII. Relation de la Rivière des Amazones, trad. par de Gomberville. *Paris*, 1682, 2 *vol. in*-12.

Voyage autour du Monde fait en 1764 & 1765. *Paris*, 1767, *in*-12.

Historia del Descubrimiento y Conquista del Peru. *Anvers*, 1555, *in*-12.

Du Royaume de Siam, par de la Loubere. *Paris*, 1691, 2 *vol. in*-12.

Journal du Voyage de Siam, par l'Abbé de Choisy. *Amst.* 1687, 3 *vol. in*-12.

Histoire Naturelle, Civile & Politique du Tonquin, par l'Abbé Richard. *Paris*, 1778, 2 *vol. in* 12.

Mémoires du sieur de la Croix, Secrétaire d'Ambassade à Constantinople. *Paris*, 1684, 2 *vol. in*-12.

Les Voyages de Deshayes. *Paris*, 1664. — Voyages fait à Munster, par Joly. *Paris*, 1670. — Voyages des Pays Septentrionaux, par de la Martiniere. *Paris*, 1671.

L'Empire Turc considéré dans son établissement, par Danville. *Paris*, 1772.

Description & Histoire Naturelle du Groenland, par Eggede. *Genève*, 1763, *in*-8°.

Tyrannies & Cruautés des Espagnols. *Anvers*, 1579, *in*-12.

La Ville & la République de Venise. *Paris*, 1680, *in*-12.

CXLIII. Nouveaux Dialogues des Morts, par de Fontenelle. *Paris*, 1700, 2 *vol. in*-12.

De la Certitude des connoissances humaines, ou Examen Philosophique des diverses prérogatives de la raison & de la foi. *Londres*, 1741, *in*-12.

Traité de la Vitriolisation & de l'Alunation, par Monnet. *Amsterd.* 1769, *in*-12. *fig.*

CXLIV. Table générale, alphabétique & raisonnée du Journal Historique de Verdun sur les matières du tems, depuis 1697, jusques & compris 1756. *Paris*, 1759, 9 *vol. in*-8°. *br.*

CXLV. Traité de la Chambre des Comptes, par de Beaune; *Paris*, 1647, *in*-8°.

CXLVI. Ecole de Littérature, par de la Porte. *Paris*, 1764, 2 *vol. in*-12. *br.*
Le Réveil matin des Courtisans, par Sébastien Hardy. *Paris*, 1629, *in*-8°.

CXLVII. Dictionnaire Historique portatif, des Ordres Religieux & Militaires, & des Congrégations régulières & séculières. *Amsterd.* 1769, *in*-8°.
Les Coudées franches. *Paris*, 1712, 2 *tom. en* 1 *vol. in* 12.
Traité du Soufre, trad. de Stahl. *Paris*, 1766, *in*-12.
Origine de la Grandeur de la Cour de Rome, par de Vertot. *La Haye*, 1737, *in* 12.
Philosophiæ Naturalis, adversus Aristotelem, Libri duodecim, autore Sebastiano Bassone. *Amst.* 1649, *in* 12.

CXLVIII. Voyage de Saint-Cloud par mer & par terre. *La Haye*, 1649. — Le Marchand de Londres, Comédie, 1748, &c. *in*-12.
Traité Historique sur l'Origine de la Maison de Lorraine, par Baleicourt. *Berlin*, 1711, *in*-8°. *fig.*
Jac. Marchantii Flandria Commentariorum lib. IV descripta. *Antuerp.* 1596.
De l'Homme & de la Femme considérés dans l'état du mariage, par M. de Lignac. *Lille*, 1772, 2 *vol. in*-12. *fig.*
Le fin Matois, par M. Retif de la Bretonne. *La Haye*, 1776, *in*-12.
Grammaire Flamande, par de la Grue. *Rouen*, 1761, *in* 12.

CXLIX. Institutions du droit Belgique, tant par rapport aux dix-sept Provinces qu'au pays de Liege, par George de Ghewiet. *Bruxelles*, 1758, 2 *vol. in*-8.
Grammatica Hebraica à punctis, aliisque inventis Massorethicis libera, auctore Francisco Masclef. *Paris.* 1743, 2 *vol. in*-12.

Grammatica Hebraica à punctis, aliisque inventis Massorethicis libera. *Parif.* 1716, *in*-12.

Abrégé de la nouvelle Introduction à la Géographie moderne, par Palairet. *Londres*, 1761, *in*-8.

Traité des Sels, dans lequel on démontre qu'ils sont composés d'une terre subtile, intimement combinée avec de l'eau, par Georges-Ernest Stahl. *Paris*, 1771, *in*-12.

Traité de l'ame des bêtes, avec des réflexions physiques & morales. *Paris*, 1737, *in*-12.

CL. Diogen. Laertii de vitis Philosophorum, libri X, gr. & lat. 1594, *in*-8.

CLI. Delle Lettere di M. Pietro Bembo. *In Venetiâ*, 1587, 4 *vol. in*-8.

Diction. portatif de l'Ingénieur, par Bélidor. *Paris*, 1755, *in*-8.

Caroli de Aquino, Societatis Jesu, Carmina. *Romæ*, 1701, 3 *vol. in*-8.

De omni rerum fossilium genere, gemmis, lapidibus, metallis Libri aliquot, Opera C. Gesneri. *Tiguri*, 1565, 2 *vol. in*-8. *fig.*

Gemmarum & lapidum Historia. Edidit Anselmus Boetius de Boot, recensuit & illustravit figuris A. Toll. *Lugd. Bat.* 1636, *in*-8°.

Le parfait Joaillier, ou Histoire des pierreries, par A. Boece de Boot. *Lyon*, 1644, *in*-8. *fig.*

Traité des pierres de Théophraste. *Paris*, 1754, *in*-8.

Andreæ Baccii de Gemmis & Lapidibus pretiosis, eorumq. viribus & usu tractatus, italicâ linguâ conscriptus, & in latinum sermonem conversus, à Wolfgango Gabelchovero. *Francofurti*, 1603, *in*-8.

Paradoxes ou Traité Philosophique des pierres & pierreries, contre l'opinion vulgaire, par E. de Clave. *Paris*, 1635, *in*-8.

Marbodei de Lapidibus pretiosis Enchiridion. *Parif.* 1531, *in*-8.

Traité des Couleurs pour la peinture en émail & sur la porcelaine, par d'Arclais de Montamy. *Par.* 1765, *in*-12.

Lettres Philosophiques sur la formation des sels & des crystaux, & sur la génération des plantes & des animaux, par Bourguet. *Amst.* 1729, *in-12. fig.*

Schola Salernitana, hoc est de valetudine tuenda, cum commentariis Villanovani : adjectæ sunt animadversiones novæ & copiosæ R. Moreau. *Paris.* 1625, *in-8°*

Théorie des Sentimens Moraux, par Blavet. *Paris*, 1774, *in-12.*

CLII. Familier éclaircissement de la question, si une femme a été assise au Siege Papal de Rome, par Blondel. *Amst.* 1649. — David. Blondel, de Joanna Papissa, *Amst.* 1657, *in-12.*

Le Tableau des Esprits, par J. Barclai. *Paris*, 1625, *in-12.*

Essai sur l'Homme de Pope, par du Resnel. *Paris*, 1738, *in-12.*

Mémoire de la ville de Dourdan, par de Lescornay, *Paris*, 1623, *in-12.*

Concorde de la Géographie, par Pluche. *Paris*, 1764, *in-12.*

La Callipédie, trad. du latin de Quillet, avec le latin à côté. *Paris*, 1749. *in-12.*

CLIII. Recherches sur la valeur des Monnoies. *Paris*, 1762, *in-12.* — Et autres ouvrages sur les Monnoies, Poids & Mesures.

Les Sculptures ou Gravures sacrées, d'Orus Apollo, *in-8°.*

De his quæ mundo mirabiliter eveniunt : Opusculum Claudii Cœlestini. — Libellus, F. Bacon, de mirabili Potestate Artis & Naturæ. *Paris.* 1542, *in-8.*

CLIV. Mélange d'Histoire Naturelle, par Alleon Dulac. *Lyon*, 1765, *6 vol. in-8°.*

Histoire de la Ville de Lille. *Paris*, 1764, *in-12.*

Abrégé Chronologique de l'Histoire de Flandres, par Panckouke. *Dunkerque*, 1762, *in-12.*

Philosophiæ Naturalis primæ lineæ, auctore Sam Christiano Hollmanno. *Gottingæ*, 1753, *in-8.*

Mémoire ſur la peinture à l'encauſtique, par le Comte de Caylus. *Genève*, 1755, *in*-8. — L'Hiſtoire & le ſecret de la peinture en cire.

CLV. Hiſtoire de l'Amériqué, par Robertſon. *Paris*, 1778, 4 *vol. in*-12.
Les Viſions de Dom Franciſco de Quevedo Villegas, trad. par de la Geneſte. *Paris*, 1647, *in*-12.
Nouvelle Hiſtoire de l'Afrique Françoiſe, par Demanet. *Paris*, 1767, 2 *vol. in*-12.

CLVI. Les Délices des Pays-Bas. *Liege*, 1769, 5 *vol. in*-12. *fig.*
Hiſtoire Naturelle Civile & Eccléſiaſtique du Japon, trad. de E. Kæmpfer en fr. *Amſt.* 1758, 3 *vol. in*-12. *fig.*
Relation du Groenland. *Paris*, 1647. *in*-8. *fig.*
Nouvelle Relation de la terre équinoxiale, par Barrere. *Paris*, 1743, *in*-12. *fig.*
Nouveaux Mémoires ſur l'état préſent de la grande Ruſſie ou Moſcovie. *Amſt.* 1725, 2 *vol. in* 12. *fig.*
Deſcription Hiſtorique de l'Empire Ruſſien, trad. de l'Allemand du Baron de Strahlenberg. *Paris*, 1757, 2 *vol. in*-12.
Nouvelles Recherches ſur la France. *Paris*, 1766, 2 *vol. in*-8°.
Hadriani Junii Hornani, medici animadverſa, ejuſdemque de Coma Commentarium. *Roterodami*, 1708, *in*-8.
Voyage en Dalmatie, par Fortis. *Berne*, 1778, 2 *vol. in*-8. *fig. br.*

CLVII. La Fable des Abeilles, ou les Fripons devenus honnétes gens. *Lond.* 1750, 4 *vol. in*-12.

CLVIII. Stultitiæ laudatio. Deſiderii Eraſmi declamatio. *Pariſ. Barbou*, 1777, *in*-12. — De optimo Reipublicæ ſtatu, deque nova inſula Utopia, libri duo, autore T. Moro. *Pariſiis, Barbou*, 1777, *in*-12. *br.*

CLIX. Les Fantaſies de Bruſcambille. *Paris*, 1668, *in*-12
Facetiæ Facetiarum, hoc eſt joco-Seriorum faſciculus novus. *Pathopoli*, 1645, *in*-12.

Ragguagli di Parnaſo del Signor Trajano Boccalini Romano. *In Amſt.* 1669, 2 *vol. in*-12.

CLX. Les Nouvelles Récréations de Bonaventure Deſperiers. *Paris*, 1558, *in*-12.

CLXI. Miſſel de Paris, latin. *Paris*, 1738, 4 *vol. in*-12.

CLXII. Joannis Meurſi Gloſſarium Græco-Barbarum. *Lug. Bat.* 1610, *in*-4°.

Ejuſdem de Regno Laconico, libri II. De Piræo liber ſingularis, & in Helladii Chreſtomathiam animadverſiones. *Ultrajecti*, 1687, *in*-4°.

Ejuſdem Atticarum lect. libri VI. *Lugd. Bat.* 1617, *in*-4°.

Ejuſdem Themis Attica, ſive de legibus Atticis, Libri II. *Trajecti ad Rhenum*, 1685, *in* 4.

Ejuſdem Græcia Feriata, ſive de feſtis Græcorum, libri VI. *Lugd. Bat.* 1619. — Ejuſdem Eleuſinia, ſive de Cereris Eleuſinæ ſacro, ac feſto, liber ſingularis. *Lugd. Batav.* 1619, *in*-4.

Ejuſdem Creta, Cyprus, Rhodus, ſive de nobiliſſimarum harum inſularum rebus & antiquitatibus Commentarii poſtumi. *Amſt.* 1675, *in*-4°.

Ejuſdem Miſcellanea Laconica, ſive variarum antiquitatum Laconicarum, libri IV. *Amſt.* 1661, *in*-4.

Ejuſdem de Populis Atticæ, liber ſingularis. *Lugd. Bat.* 1616, *in*-4°.

Ejuſdem Athenæ Atticæ, ſive de præcipuis Athenarum antiquitatibus, libri III. *Lugd. Bat.* 1624, *in*-4.

Leonis Imperatoris Tactica, ſive de re Militari Liber. J. Meurſius græcè primus vulgavit & notas adjecit. *Lugd. Bat.* 1612, *in*-4°.

Iſaaci Voſſii obſervationes ad Pomponium Melam, de ſitu orbis. *Hag. Comit.* 1658. *in*-4.

Gerardi-Joannis Voſſii, de Arte Grammatica, libri ſeptem. *Amſt.* 1635. — Ejuſdem de Hiſtoricis Græcis, libri IV. *Lugd. Bat.* 1651. — Ejuſdem de Hiſtoricis Latinis, libri III. *Lugd. Bat.* 1627. — Ejuſdem de Rhetoricis, lib. VI. *Lugd. Bat.* 1643, *in*-4. — Ejuſdem de Vitiis ſermonis & gloſſematis Latino-Barbaris, libri IV. *Francofurti*, 1666, 5 *vol. in*-4.

R. Mosis Maimonidæ de Idolatria liber, hebraicè & lat. interprete D. Vossio. *Amst.* 1642. — G. J. Vossii, de Theologia Gentili & Physiologia Christiana, sive de origine ac progressu Idolatriæ. *Amst.* 1642, 2 *vol. in*-4.

Joannis Limnæi notitia Regni Franciæ. *Argentorati*, 1655, 2 *vol. in*-4.

CLXIII. Prosp. Alpini, de Plantis exoticis, libri duo. *Venet.* 1656, *in*-4. *fig.*

God. Guil. Leibnitii accessiones Historicæ, quibus potissimum continentur scriptores rerum Germanicarum, & aliorum. *Hannoveræ*, 1700, *in* 4.

Hyginus & Polybius de Castris Romanorum. *Amst.* 1660, *in*-4. *fig.*

Gulielmi Budæi, Epistolæ, græc. & lat. *Parisiis*, 1522, & 1527, 2 *vol. in*-4°.

Eædem, gr. & lat. interprete Pichonio. *Basileæ*, 1574, *in*-4.

Jo. Isac. Pontani, Originum Francicarum libri VI, *Hardevici*, 1616, *in* 4°.

Excerpta Veteris Testamenti Syriaci, cum interpretatione latina nova, & annotationibus Christi Cellarii. *Cizæ*, 1682, *in*-4°.

Franc. Philelfi, de educatione Liberorum, Opus saluberrimum, *in*-4°.

CLXIV. Traité de la Divination de Ciceron, trad. par l'Abbé Regnier Desmarais. *Amsterd*, 1711. — Tusculanes de Ciceron, trad. par MM. Bouhier & d'Olivet. *Paris*, 1766, 2 *vol.* — Traité de la Consolation, trad. par Morabin. *Paris*, 1753. — Les Livres de Ciceron, de la Vieillesse & de l'Amitié, trad. par de Barrett. *Paris*, 1760. — Entretiens de Ciceron sur la Nature des Dieux, trad. par l'Abbé d'Olivet. *Paris*, 1732, 2 *vol. in*-12.

De la Nature, Vertu, & Utilité des Plantes, par Guy de la Brosse. *Paris*, 1628, *in*-8°.

Les Œuvres de Lucrece, trad, par le Baron des Coutures. *Paris*, 1692, 2 *vol. in*-12.

La Retraite des dix mille de Xenophon, trad. par Coste. *Amst.* 1758, 2 *vol. in*-12.

Les Œuvres de Platon, trad. en fr. avec des remarques,

par Dacier. *Paris*, 1699, 2 *vol. in*-12. — République de Platon. *Paris*, 1762, 2 *vol.* — Dialogues du même. *Amsterd.* 1770, 2 *vol. in*-12. — Les Loix du même. *Amst.* 1769, 2 *vol. in*-12.

Les Hypotyposes, ou Institutions Pirroniennes de Sextus Empiricus, trad. du grec, 1725, *in*-12.

La Morale d'Epicure, par le Batteux. *Paris*, 1758, *in*-12.

Métamorphoses d'Ovide, traduction nouvelle. *Paris*, 1766, 2 *vol. in*-12.

Traduction de Saluste, par Dotteville, avec le latin à côté. *Paris*, 1763, *in*-12.

Théologie Payenne, par de Burigny. *Paris*, 1754, 2 *vol. in*-12.

Hist. de la Philosophie Payenne. *La Haye*, 1724, 2 *vol. in*-12.

Essais Moraux & Politiques, trad. de l'Anglois de Hume. *Amst.* 1764, 4 *vol. in*-12.

CLXV. Œuvres de Rousseau de Genêve. *Neufchâtel*, 1764, 17 *vol. in*-12.

Examen de l'examen des esprits, par Jourdain Guibelet, *Paris*, 1631, *in*-8°.

Le Combat de Mutio Justinopolitain, avec les réponses Chevaleresses, trad. par Chapuis. *Lyon*, 1604, *in*-8°.

Discours Historiq. & Politiq. sur Salluste, par Gordon, 1759, 2 *tom. en* 1 *vol. in*-12.

Raymundi de Sebunde Theologia naturalis, sive Liber creaturarum. *Lugd.* 1648, *in*-8°.

Vindiciæ veterum codicum confirmatæ, autore P. Coustant. *Lutet. Paris.* 1715, *in*-8°.

Lettres sur la Minéralogie & sur divers autres objets de l'Hist. Naturelle de l'Italie, trad. de Ferber par de Dietrich. *Strasbourg*, 1776, *in*-8°.

De Metallicis libri tres, autore Andrea Cæsalpino Aretino. *Noribergæ*, 1602, *in*-4°.

Plutarchi Libellus, de Fluviorum & Montium nominibus, & de his quæ in illis inveniuntur, gr. & lat. cum notis Philip. Jac. Maussaci. *Tolosæ*, 1615, *in*-8°.

CLXVI. Nouvelle Méthode raisonnée du Blason, du P. Menestrier. *Lyon*, 1770, *in*-8°. *fig.*

Joan Gottl. Heineccii Opuſcula minora. *Amſt.* 1738, *in*-8.
G. Whiſton prælectiones Phyſico Mathematicæ Cantabrigiæ in Scholis publicis habitæ. *Cantabrigiæ*, 1710, *in* 8°.
Les Méditations Hiſtoriq. de Philippe Camerarius. *Paris*, 1608, 2 *vol. in*-8°.
Les Diverſes leçons de Louis Guyon, Dolois ; ſuivant celles de Pierre Meſſie, & du ſieur de Vauprivaz. *Lyon*, 1617, 3 *vol. in*-8°.
Mémoires de l'Etat de France ſous Charles IX. *Meidelb.* 1578, 3 *vol. in*-8°.
Joh. Freder. Gronovii obſervationes, curante Friderico Platnero. *Lipſiæ*, 1755, *in*-8.
Abrahami Couleii Angli Poemata latina, in quibus continentur ſex libri Plantarum, duo Herbarum, Florum & Sylvarum ; unus Miſcellaneorum. *Londini*, 1668, *in*-8.
Guillelmi Neubrigenſis Angli, de rebus Anglicis ſui temporis libri V. *Pariſ.* 1610, *in*-8°.
Bernardi Nieuwentiit analyſis infinitorum. *Amſtel.* 1695, *in* - 8°. *fig.*

CLXVII. Deſ. Eraſmi Colloquia, cum notis variorum. *Lugd. Bat.* 1655, *in*-8.
Commentaires ſur les Epîtres d'Ovide, par Gaſp. Bachet, S. de Meziriac. *La Haye*, 1716, 2 *vol. in*-8.
Bibliotheque des Philoſophes & des Sçavants, tant anciens que modernes. *Paris*, 1723, 2 *vol. in*-8.
Franc. Baconis de Verulamio novum organum ſcientiarum. *Venet.* 1762. — Le Progrès & Avancement aux ſciences divines & humaines, trad. par Maugars. *Paris*, 1624. — Hiſtoire des Vents, où il eſt traité de leurs cauſes & de leurs effets, trad. par Baudoin. *Paris*, 1650. — Hiſtoria Vitæ & Mortis. *Lond.* 1623, *in*-12. — Les Œuvres Morales & Politiques, trad. par Baudoin. *Paris*, 1636, *in*-8. — Hiſtoire Naturelle. *Paris*, 1631, *in*-18. — Hiſtoire du Regne de Henri VII. *Paris*, 1627, *in*-18. — Hiſtoire de la Vie & de la Mort, trad. par Baudoin. *Paris*, 1647, *in*-12.
Le Decameron de Jean Boçace, trad. par le Maçon. *Paris*, 1629, *in*-12.

Leçons

Leçons Elémentaires d'Optique, par de la Caille. *Paris*, 1756, *in*-8°. *fig.*

Elémens de Géométrie, par Malezieu. *Paris*, 1729, *in*-8.

Hiſtoire Générale des dogmes & opinions Philoſophiques, depuis les plus anciens tems juſqu'à nos jours. *Londres*, 1769, 3 *vol. in*-8.

Inſtitutions Newtonniennes, ou Introduction à la Philoſophie de Newton, par Sigorgne. *Paris*, 1747, *in*-8. *fig.*

Elémens de Fortification, par le Blond. *Paris*, 1764, *in*-8. *fig.*

Miſcellanea Hiſtoriæ Philoſophicæ, Litterariæ, Criticæ olim ſparſim edita & nunc collecta & aucta à J. Bruckero. *Auguſtæ Vindelicorum*, 1748, *in*-8.

Elémens de Muſique, théorique & pratique, par M. d'Alembert. *Lyon*, 1762, *in*-8.

Mémoires ſur différens ſujets de Mathématiques, par M. Diderot. *Paris*, 1748, *in*-8.

Abrégé Chronologique des grands Fiefs de la Couronne. *Paris*, 1759, *in*-8.

Bibliotheque des Philoſophes, par Gautier. *Paris*, 1723, 2 *vol. in*-8°.

CLXVIII. Les Lettres de St. Bernard, trad. en fr. par Dom Antoine de St. Gabriel. *Paris*, 1672, *in*-8. 4 *vol.*

Racines Hébraïq. ſans points-voyelles, ou Dictionnaire Hébraïque par racines. *Paris*, 1732, *in*-8.

Le Maître à danſer, par Rameau. *Paris*, 1734, *in*-8. *fig.*

Hiſt. de l'Art chez les Anciens, par Winckelmann. *Paris*, 1766, *in*-8. *fig.*

Les Châtelains de Lille, par Floris Vander-Haer. *Lille*, 1611, *in*-4.

Les Origines de la ville de Caen & des lieux circonvoiſins, par Daniel Huet. *Rouen*, 1702, *in*-8.

Traité des Ponts, par Gautier. *Paris*, 1716, *in*-8°. *fig.*

Recueil de Mémoires & d'Obſervations ſur la formation & ſur la fabrication du ſalpêtre. *Paris*, 1776, *in*-8. *fig.*

Des Tropes, ou des différens ſens dans leſquels on peut prendre un même mot dans une même langue, par du Marſais. *Paris*, 1757, *in*-8°.

M. Antonii Mureti Opera, in usum scholarum selecta. *Patav.* 1741, 3 *vol. in* 8.

L'Aminta di Torquato Tasso, illustrato da Giusto Fontanini. *In Venezia*, 1730, *in*-8°.

Telliamed, ou Entretiens d'un Philosophe Indien avec un Missionnaire François, sur la diminution de la mer, &c. *Amst.* 1748, 2 *tom. en* 1 *vol. in*-8°.

Joannis Cinnami de rebus gestis Imp. Constant. Joan. & Manuelis Comnenorum Historiarum, libri IV, gr. & lat. C. Tollius primus edidit. *Trajecti ad Rhenum*, 1652, *in*-4.

Le Guide des Etrangers de Poussol. *Naples*, 1702, *in*-12. *fig.*

CLXIX. Le Trésor des Poures. Belon, Maistre Arnoult de Villenove, & Maistre Giraro de Follo. *Par. in*-4°. *goth.*

Gesta Romanorum, cum applicationibus moralisatis ac misticis. *Paris*, *Jehan Petit*, 1499, *in*-4. *goth.*

Mém. Historiq. Politiq. & Militaires sur la Russie, par de Manstein. *Lyon*, 1772, 2 *vol. in*-8.

Description du Gouvernement de Bourgogne, par Garreau. *Dijon*, 1734, *in*-8.

La Vie de l'Abbé de Choisy. *Lausanne*, 1748, *in*-8.

L'Innocence du premier âge en France, ou Hist. Amoureuse de Pierre le Long & de Blanche Bazu. *Paris*, 1778, *in*-8. — La Rose ou la Fête de Salency. — Fêtes de Canon, 1778, *in*-8°. *fig.*

De humana Physiognomonia Joannis-Baptistæ Portæ, libri IV. *Ursellis*, 1601, *in*-8.

Les Œuvres de Mylord, Comte de Shaftsbury. *Genêve*, 1769, 3 *vol. in*-8.

Théologie Physique, par Derham. *Paris*, 1732, *in*-8.

Selecta Senecæ Philosophi Opera, cum versione gall. *Paris.* 1761, *in*-12.

Hist. des Drogues, Epiceries, & de certains médicamens simples qui naissent ès Indes & en l'Amérique, composée par Garcie du Jardin, Christ. de la Coste, & N. Monard, translatée en françois par A. Colin. *Lyon*, 1619, *in*-8. *fig.*

Grammaire générale, ou exposition raisonnée des élémens nécessaires du langage, par Beauzée. *Paris*, 1767, 2 *vol. in*-8.

Nouv. Méthode pour apprendre la Langue Latine, par MM. de Port-Royal. *Paris*, 1736, *in*-8.

Vetus Græcia, illustrata studio Ubbonis Emmii. *Lugd. Bat.* 1626, 3 *tom. en* 2 *vol. in*-8.

CLXX. Thesaurus Jurisprudentiæ Juvenilis. *Neapoli*, 1754, 2 *vol. in*-8.

Avis & Consultations sur les partages des Nobles de Bretagne. *Rennes*, 1570, *in*-8.

Dictionnaire de Physique, par le P. Paulian. *Avignon*, 1760, *in* 8. *fig.*

Description Méthodique d'une collection de Minéraux, par M. de Romé Delisle. *Paris*, 1773. — L'Action du feu central démontrée nulle à la surface du globe, par le même. *Paris*, 1781, *in*-8.

Traité de Pétrifications, par Bourguet. *Paris*, 1778, *in*-8. *fig.*

Dictionnaire de Musique, par J. J. Rousseau. *Paris*, 1768, *in*-8°. *fig.*

Justi Lipsi Opera omnia. *Vesaliæ*, 1675, 5 *vol. in*-8.

Elégies de Properce, trad. par de Longchamps, avec le texte. *Paris*, 1772, *in*-8.

Reliquiæ Manuscriptorum omnis ævi Diplomatum, ac monumentorum ineditorum adhuc. *Lipsiæ*, 1720, 3 *vol. in*-8.

Gre. Majansii Epistolarum, libri VI. *Valentiæ Edetanorum*, 1732, *in*-8.

Les Illustres Observations antiques de Gab. Siméon. *Lyon*, 1558, *in*-4.

Syllogei variorum Diplomatariorum monumentorumque Veterum ineditorum adhuc, & res Germanicas, in primis verò moguntinas illustrantium. *Francof.* 1728, *in*-8.

CLXXI. Mémoires de Chymie, par M. Sage. *Paris*, 1773. — Expériences propres à faire connoître que l'alkali volatil fluor est le remede le plus efficace dans les Asphyxies. *Paris*, 1777 — Analyse des Bleds. *Paris*, 1776, *in*-8.

L'Art d'essayer l'or & l'argent. *Paris*, 1780, *in*-8. *fig. br.* — Elémens de Minéralogie docimastique. *Paris*, 1777, *2 tom. en 1 vol. in* 8.

Minéralogie, ou Nouvelle exposition du regne minéral, par Valmont de Bomare. *Paris*, 1761, 2 *vol. in*-8°.

Minéralogie on Description générale des substances du regne minéral, par Wallerius. *Paris*, 1753, 2 *tom. en* 1 *vol. in*-8. *fig.*

Mémoire sur la meilleure manière de construire les alambics & fourneaux propres à la distillation des vins, par Baumé. *Paris*, 1778. *fig.* — L'Art de faire les crystaux colorés, imitant les pierres précieuses, par M. Fontanieu. *Paris*, 1778, *fig.* — Description des aspects du Mont Blanc, par Bourrit. *Lausanne*, 1776. — Recueil de Poésies latines & franç. sur les vins de Champagne & de Bourgogne. *Paris*, 1712. — Projet d'ouverture & d'exploitation des minieres & mines d'or, & d'autres métaux aux environs du Cezé, du Gardon, &c. par de Gua de Malves. *Paris*, 1764, *in*-8. *fig.*

Recherches sur la préparation que les Romains donnoient à la chaux, par de la Faye. *Paris*, 1777, *in* 8.

Istoria Critica della vita civile, scritta da Vincenzio Marcinelli. *Napoli*, 1764, 2 *tom. en* 1 *vol. in*-8.

Reduccion de las Letras, por Bonet. *En Madrid*, 1620, *in* 4.

Description de la Généralité de Paris. *Paris*, 1759, *in*-8°.

Essai sur les Causes principales qui ont contribué à détruire les deux premieres races des Rois de France. *Paris*, 1776, *in*-8.

Les quatre âges de la Pairie de France, par Zemganno. *Maestricht*, 1775, 2 *tom. en* 1 *vol. in*-8.

Cours d'Etude, par de Condillac. *Parme*, 1775, 16 *vol. in*-8°.

Progrès des Allemands dans les Sciences, Belles-Lettres, les Arts, &c. par le Baron de Bielfeld. *Leyde*, 1768, *in*-8.

Eloge de Montesquieu, par Maupertuis. *Berlin*, 1755. —

Le Droit Naturel, Civil, Politique & Public, par Yvon. *La Haye*, 1756. — Examen du Volteranisme, 1757. — Essai sur l'administration des terres. *Paris*, 1759, *in*-8.

Les douze Cesars, trad. du latin de Suetone, par M. de la Harpe, avec le texte à côté. *Paris*, 1770, 2 *vol.* *in*-8.

CLXXII. Traité de la Puissance ecclésiastique & temporelle, par Dupin, 1707, *in*-8°.

Les fondemens de la Jurisprudence naturelle, par Pestel. *Utrecht*, 1775, *in* 8°.

Hug. Grotii de Jure Belli ac pacis libri tres. *Amstelodami*, 1702, *in*-8°.

Leçons Elémentaires de Mathématiques, par de la Caille. *Paris*, 1769, *in*-8°. *fig.*

Récréations Mathématiques & Physiques, par Ozanam. *Paris*, 1725, 4 *vol. in*-8°. *fig.*

— Les mêmes, 1778, 4 *vol. in*-8°. *fig.*

Le Microscope à la portée de tout le monde, trad. de l'Anglois de Baker. *Paris*, 1754, *in*-8°. *fig.*

La fabrique & l'usage du Radiometre, instrument géométrique & astronomique, par P. le Conte. *Paris*, 1605, *in*-4°. *fig. en bois.*

Géométrie de l'Arpenteur, par Doyen. *Paris*, 1769, *in*-8°. *fig.*

La Géométrie souterraine, par de Gensanne. *Par.* 1776, *in*-8°. *fig.*

Dictionnaire Universel des Fossiles, par Bertrand. *La Haye*, 1763, *in*-8°.

Nouveaux Principes de la Perspective linéaire. *Amsterd.* 1757, *in*-8°. *fig.*

La Dunciade, Poëme en dix Chants, par Palissot. *Lond.* 1771, *in*-8°.

Discours sur l'origine de l'inégalité parmi les hommes, par de Castillon. *Amsterd.* 1756, *in*-8°.

Jac. Palmerii exercitationes in optimos fere autores græcos. *Lugd. Bat.* 1668, *in*-4.

Abrégé chronologique de l'Histoire Ecclésiastique, Civile

de Bourgogne, par Mille. *Dijon*, 1771, 3 *vol. in*-8°.

Eclairciſſemens ſur pluſieurs points de l'Hiſtoire ancienne de France & de Bourgogne. *Paris*, 1774, *in*-8°.

Comitum Tervanenſium ſeu Ternenſium Annales hiſtorici, ſtudio T. Turpin. *Duaci*, 1731, *in*-8°.

Storia di vari Coſtumi ſacri e profani dagli antichi fino a noi pervenati, del padre Carmeli. *In Padova*, 1750, *in*-8°. — Paralelle de l'expédition d'Alexandre dans les Indes, avec la conquête des mêmes contrées par Thamas-Kouli-Kan, 1751, *in*-8°.

CLXXIII. Traité des Monnoies, par Boizard. *Paris*, 1692, *in*-12. *fig. gr. pap.*

Abrégé de l'Eſſai de Locke ſur l'Entendement humain, trad. par Boſſet. *Lond.* 1720, *in*-8°.

Jo. Matth. Geſneri Socrates, accedit ejuſdem Corollarium de antiqua Aſinorum honeſtate. *Trajecti ad Rhenum*, 1769, *in*-8°.

Hiſtoriæ Poeticæ ſcriptores antiqui, Apollodorus, Conon, Ptolemæus, Parthenius, Antoninus Liberalis, gr. & lat. *Pariſ.* 1675, *in*-8°.

Opuſcula Mythologica, Ethica & Phyſica, gr. & lat. Palæphatus, Heraclitus, &c. *Cantabrigiæ*, 1671, *in*-8°.

Franciſci Vigeri de præcipuis græcæ dictionis idiotiſmis libellus, Henricus Hoogeveen illuſtravit. *Lugd. Bat.* 1766, *in*-8°.

Dioſcorides, græcè. *Venetiis in ædibus Aldi*, 1518, *in*-8°.

Ocellus Lucanus de Univerſi Natura, textum è græco in latinum tranſtulit, & Commentario illuſtravit Carolus Emmanuel Vizzanius. *Bononiæ*, 1646, *in*-4°.

Cl. Æliani variæ Hiſtoriæ, gr. & lat. cum notis Joan. Schefferi, interpretatione Juſti Wulteii. *Argentorati*, 1713, *in*-8°.

Sophoclis Tragædiæ VII, gr. & lat. una cum omnibus græcis ſcholiis ad calcem adnexis. *Cantabrigiæ*, 1669, 2 *vol. in*-8°.

Heliodori Æthiopicorum libri X, gr. & lat. cum emendatione Jo. Bourdelotii. *Lutet. Pariſ.* 1619, *in*-8°.

Baſilicon Teatron, Grecè & Ruſſicè, *in*-8°.

Carolus Paſchalius de Coronis. *Lugd. Bat.* 1681, *in*-8°.

Les Œuvres de Pindare, tranſlatées du grec par Marin. *Paris*, 1617, *in*-8°.

Theſaurus elipſium latinarum, autore Elia Palairet. *Londini*, 1760, *in*-8°.

Phædri Fabularum Æſopiarum libri quinque, ex recenſione Alexandri Cuningamii, accedunt publii Syri & aliorum veterum ſententiæ. *Edinburgi*, 1757, *in*-8°.

Georgii Buchanani Poemata quæ extant. *Amſtel.* 1687, *in*-24. *m. n.*

Theodori Bezæ, Georgii Buchanani, aliorumque inſignium Poetarum Carmina, 1569, *Henr. Steph. in*-8°.

M. Tullii Ciceronis Tuſculanarum Diſputationum libri V, ex recenſione Joannis Daviſii. *Cantabrigiæ*, 1709, *in*-8°.

Maximi Tyrii Diſſertationes, gr. & lat. *Lugd.* 1630, *in*-8.

Emendationes in Menandri & Philomenis reliquias, ex nupera editione Joan. Clerici, autore Phileleuthero Lipſienſe. *Cantabrigiæ*, 1713, *in*-8.

Epiſtolæ obſcurorum virorum ad Ortuinum Gratium, Volumina omnia, ex tam multis libris, congluntinata, quod unus pinguis cocus per decem annos, oves, boves, ſues, grues, paſſeres, anſeres, &c. coquere, vel aliquis famoſus calefactor centum magnum hypocauſta per vigenti annos ab eis calefacere poſſet: acceſſerunt tractatus rariſſimi. *Francofurti*, 1757, 2 *vol. in*-12. *fig.*

Caius Suetonius. *Pariſ.* 1644, *è Typographia Regia*, *in*-24.

Juſtinus cum notis variorum. *Amſtel.* 1669, *in*-8°.

C. Salluſtii Criſpi Opera cum notis variorum. *Lugd. Bat.* 1659, *in*-8.

Œuvres de Villon. *La Haye*, 1742, *in*-12.

CLXXIV. Servatii Gallæi Diſſertationes de Sibyllis earumque Oraculis. *Amſt.* 1688, *in*-4. *fig.*

Nouvelles recherches ſur les découvertes microſcopiques, trad. par Needham. *Paris*, 1769, *in*-8°. *fig.*

Traduction des anciens Ouvrages latins relatifs à l'Agriculture & à la Médecine vétérinaire. *Paris*, 1771, 6 *vol.* *in* 8°. *fig.*

L'Art d'obſerver, par J. Senebier. *Genève*, 1775, *in*-8°.

Elémens de Géométrie, trad. de l'Anglois de Simpſon. *Paris*, 1755, *in*-8°.

Joan. Bapt. Portæ Magiæ naturalis, libri XX. *Rothomagi*, 1650, *in* 8°.

Introduction à l'Hiſtoire Naturelle, trad. de l'Eſpagnol, par le Vicomte de Flavigny. *Paris*, 1770, *in*-8°.

Franc. Junii de Pictura veterum, libri tres. *Amſt.* 1637, *in*-4°.

Pomponii Melæ de ſitu orbis, libri tres, cum notis variorum. *Lugd. Bat.* 1722, *in*-8°.

Vie du Cardinal d'Oſſat. *Paris*, 1771, 2 *vol.* *in*-8.

Baxter Gloſſarium antiquitatum Britannicarum. *Londini*, 1733, *in* 8°.

Jamblichi de vita Pythagoræ liber, gr. & lat. cum notis Kuſterii. *Amſt.* 1707, *in* 4.

Sim. Frid. Hahnii Collectio Monumentorum veterum & recentium. *Brunſvigæ*, 1724, 2 *vol.* *in*-8°.

De la République des Turcs, par Guil. Poſtel. *Poitiers*, 1560, *in*-4.

Origine des premieres Sociétés. *Paris*, 1769, *in*-8.

CLXXV. Placitorum ſummæ apud Gallos curiæ, libri XII. *Lutet.* 1559, *in-fol.*

Hiſtoire du Conſeil du Roi, par Guillard. *Paris*, 1718, *in*-4°.

Mémoires des Pays, Villes & Comtés de Beauvais, par Loiſel. *Paris*, 1617, *in*-4.

La Richeſſe de l'Angleterre. *Vienne*, 1771, *in* 4°.

Porphyrius de antro Nympharum græcè, cum latinâ L. Holſtenii verſione. *Trajecti ad Rhenum*, 1765, *in*-4°. —Porphyrius de abſtinentia ab eſu animalium, libri quatuor, gr. & lat. cum notis P. Victorii, & J. Valentini, & interpretatione latina J. B. Feliciani. *Trajecti ad Rhenum*, 1767, *in*-4°. *br.*

Hiſtoire

Histoire du Comte de Foix, par Arnaud Squerrer, *in-fol. Mss. sur velin.*

CLXXVI. Hesiodi Ascræi Opera, gr. & lat. — Joannis Grammatici Tzetzis expositio librorum Hesiodi, Operum & dierum, Clypei Herculis, Generationis Deorum. *Basileæ*, 1542, *in-8°.*

Lettres d'une Péruvienne, ital. & fr. *Paris*, 1759, 2 *tom. en* 1 *vol. in-12.*

Herodiani Historiæ de Romanorum Imperatorum vitâ, gr. & lat. *Basileæ*, 1535, *in-8°.*

CLXXVII. Code de la Librairie. *Paris*, 1744, *in-12.*

Vingt-six Cartes de la Bohême, *collées sur toile.*

Joh. Joachimi Beccheri Physica subterranea. *Lypsiæ*, 1739, *in-4°.*

CLXXVIII. Recueil des Oraisons Funebres, par Bossuet. *Paris*, 1762, *in-12.* — Par Flechier. *Paris*, 1768, *in-12.*

Achillis Tatii de Clitophontis & Leucippes amoribus libri VIII. — Longi sophistæ de Daphnidis & Chloes amoribus, libri IV. — Parthenii Nicæensis de amatoriis affectibus, liber I. gr. & lat. *Ex officinâ Commelinianâ*, 1601, *in-8.*

Epistolia, Dialogi breves, Oratiunculæ, Poematia, ex variis utriusq. linguæ scriptoribus, gr. lat. 1577, *in-8°.*

Jo. Alberti Fabricii Bibliotheca latina. *Hamburgi*, 1721, 3 *vol. in-12.*

CLXXIX. Géographie générale, composée en latin par Varenius, & trad. en franç. *Paris*, 1755, 4 *vol. in-12.*

Recherches curieuses sur la diversité des Langues & Religions, trad. de l'Anglois de Brerewood, par J. de la Montagne. *Paris*, 1680, *in-12.*

Traité de l'équilibre des Liqueurs, & de la pésanteur de la masse de l'air, par Pascal. *Paris*, 1664, *in-12.*

CLXXX. Abrégé chronologique de l'Histoire générale d'Italie. *Paris*, 1761, 6 *vol. in*-8°. *broc.*

Histoire de Miss Clarisse Harlove. *Paris*, 1766, 6 *vol. in*-12.

Histoire de Constantinople, par Cousin, 1685, 8 *vol. in*-12.

Recueil de Pieces curieuses & nouvelles, tant en prose qu'en vers. *La Haye*, 1694, 2 *vol. in*-12.

Les Œuvres de Seneque le Philosophe, trad. en françois par la Grange. *Paris*, 1778, 6 *vol. in*-12.

De la Sagesse, par Pierre Charron. *Paris*, 1768, 2 *vol. in*-12.

Apologie pour Herodote. *La Haye*, 1735, 3 *tom. en* 2 *vol. in*-8°.

Joannis Doujat specimen Juris Ecclesiastici. *Paris.* 1678, 2 *vol. in*-12.

CLXXXI. Jac. Vanierii Dictionarium Poeticum. *Lugd. Bat.* 1710, *in*-4°.

Micrographia nova: sive nova & curiosa variorum minutorum corporum singularis cujusdam & noviter ab autore inventi Microscopii ope adauctorum & miranda magnitudine repræsentatorum descriptio, publicata à J. F. Griendelio ab Ach. *Norimbergæ*, 1687, *in*-4. *fig.*

J. Antonidæ Vander Linden de Scriptis Medicis, libri duo. *Amst.* 1662, *in*-4.

L'Usure ensevelie, ou défense des Monts de Piété de nouveau érigés aux Pays Bas pour exterminer l'usure, par J. Boucher *Tournay*, 1628, *in*-4.

Marquardi Gudii Epistolæ, & C. Sarravii Epistolæ, curante P. Burmanno. *Ultrajecti*, 1697, *in*-4°.

F. & J. Hotomanorum Epistolæ. *Amst.* 1700, *in*-4.

Joan. Spenceri de Legibus Hæbræorum libri tres. *Hagæ-Comitum*, 1686, *in*-4.

Joan. Seldeni de Synedriis & Præfecturis juridicis veterum Ebræorum libri tres. *Amst.* 1679, *in*-4°.

Dictionnaire Italien & François, par l'Abbé Antonini. *Venise*, 1745, 2 *vol. in*-4.

Remarques sur la Dignité, Rang, Préséance & Jurisdiction du Recteur de l'Université de Paris, par du Boula *Paris*, 1668, *in*-4.

L'Afrique de Marmol. *Paris*, 1667, 3 *vol. in*-4. *fig.*

Voyage en divers Etats d'Europe & d'Asie, par le P. Avril. *Paris*, 1692, *in*-4. *fig.*

Histoire & Relation du Voyage de la Royne de Pologne, par le Laboureur. *Paris*, 1648, *in* 4.

Nouvelle Relation de la Chine, par le P. Gabriel de Magaillans. *Paris*, 1688, *in*-4.

Voyage à la Nouvelle Guinée, par M. Sonnerat. *Paris*, 1776, *in*-4. *fig.*

Paraphrasis Chaldaica I. libri Chronicorum hactenus inedita, nunc vero è Codice Mss. antiquo manbranaceo Bibliothecæ Ministerii Erfodiensis exscripta, & juris publici primum facta, curâ M. F. Beckii, cum versione latina & notis. *Aug.-Vind.* 1680, *in*-4.

CLXXXII. Histoire chronologique des Evêques & du Chapitre exempt de l'Eglise Cathédrale de S. Bavon à Gand. *Gand*, 1772, *in*-8. *br.*

Jura Feudorum Romani Imperii, autore Joan. Petr. de Ludewig. *Balæ Salicæ*, 1740, *in*-8. *br.*

Art de la Verrerie, de Neri, Merret & Kunckel. *Paris*, 1759, *in*-4. *fig.*

L'Art d'aimer, & autres Poésies, par Bernard, *in*-8. *br.*

Joh. Bapt. Capassi Historiæ Philosophiæ Synopsis. *Neapoli*, 1728, *in*-4.

Tableau de l'inconstance des mauvais Anges & Démons, où il est amplement traité des Sorciers & de la Sorcelerie, par Pierre de Lancre. *Paris*, 1612, *in*-4.

Les Voyages de Jean Struys en Moscovie, en Tartarie & aux Indes. *Amst.* 1681, *in*-4. *fig.*

Voyage autour du Monde, par George Anson. *Genève*, 1750, *in*-4. *fig. br.*

De atramentis cujuscumque generis, autore P. M. Canepario. *Londini*, 1660, *in*-4.

Tractatus de proprietatibus rerum, autore fratre Bartholomeo Anglico, ordinis fratrum minorum, 1480, *in-fol. goth. avec lettres initiales de différentes couleurs.*

Lu & approuvé, ce 15 *Juillet* 1782.

LECLERC, Syndic.

CETTE VENTE

Se fera dans l'ordre qui ſuit :

On vendra au commencement de chaque Vacation des Livres qui ne ſont pas ſur la Notice, & dont il y a un grand nombre.

Le Lundi 29 Juillet 1782, de relevée.

Les Nos 1 juſques & compris le 5e, le 7 & le 46.

Le Mardi 30.

Les Nos 6, 8 à 13, & le N° 49.

Le Mercredi 31.

Les Nos 14 à 25, & le N° 50.

Le Jeudi 1 Août.

Les Nos 26 à 43, & le N° 52.

Le Vendredi 2.

Les Nos 44 & 45, 83 à 89, 47, 48, 51 & 58.

Le Samedi 3.

Les Nos 90 à 96, 53, 54, 60 & 65.

Le Lundi 5.

Les Nos 97 à 104, 55, 56, 57 & 70.

Le Mardi 6.

Les Nos 121 à 126, 131 *bis*, & 132, 59, 61, 62 & 81.

Le Mercredi 7.

Les Nos 133 à 140, 63, 64, 66, 67, 68 & 112.

Le Jeudi 8.

Les Nos 141 à 152, 69, 71 à 75, & 115.

Le Vendredi 9.

Les Nos 153 à 163, 76 à 80, & 116.

Le Samedi 10.

Les Nos 164 à 169, 82, 105, 106 & 117.

Le Lundi 12.

Les Nos 170 à 176, 107 à 109, & 118.

Le Mardi 13.

Les Nos 177 à 182, 127 à 131, 110, 111, 113, 114, 120 & 119.

On vendra le dernier jour les Armoires en Bibliothèque.

Les Meubles seront vendus le Mercredi 14, du matin & de relevée.

Ce Catalogue se distribue chez KNAPEN, Libr.-Impr. rue S. André, vis-à-vis le Pont Saint-Michel.

CETTE VENTE

Se fera dans l'ordre qui ſuit :

On vendra au commencement de chaque Vacation des Livres qui ne ſont pas ſur la Notice, & dont il y a un grand nombre.

Le Lundi 29 Juillet 1782, de relevée.

Les Nos 1 juſques & compris le 5e, le 7 & le 46.

Le Mardi 30.

Les Nos 6, 8 à 13, & le N° 49.

Le Mercredi 31.

Les Nos 14 à 25, & le N° 50.

Le Jeudi 1 Août.

Les Nos 26 à 43, & le N° 52.

Le Vendredi 2.

Les Nos 44 & 45, 83 à 89, 47, 48, 51 & 58.

Le Samedi 3.

Les Nos 90 à 96, 53, 54, 60 & 65.

Le Lundi 5.

Les Nos 97 à 104, 55, 56, 57 & 70.

Le Mardi 6.

Les Nos 121 à 126, 131 *bis*, & 132, 59, 61, 62 & 81.

Le Mercredi 7.

Les Nos 133 à 140, 63, 64, 66, 67, 68 & 112.

Le Jeudi 8.

Les Nos 141 à 152, 69, 71 à 75, & 115.

Le Vendredi 9.

Les Nos 153 à 163, 76 à 80, & 116.

Le Samedi 10.

Les Nos 164 à 169, 82, 105, 106 & 117.

Le Lundi 12.

Les Nos 170 à 176, 107 à 109, & 118.

Le Mardi 13.

Les Nos 177 à 182, 127 à 131, 110, 111, 113, 114, 120 & 119.

On vendra le dernier jour les Armoires en Bibliothèque.

Les Meubles seront vendus le Mercredi 14, du matin & de relevée.

Ce Catalogue se distribue chez KNAPEN, Libr.-Impr. rue S. André, vis-à-vis le Pont Saint-Michel.

CETTE

Se fera dans

On vendra au commen
des Livres qui ne
dont il y a un gra

Le Lundi 22 J

Les Nos 1 jusques & c

Le

Les Nos 6, 8 à 13,

Le

Les Nos 14 à 25, &

L

Les Nos 26 à 43, &

Le

Les Nos 44 & 45,

L

Les Nos 90 à 96, 53

I

Les Nos 97 à 104,

I

Les Nos 121 à 126,

I

Les Nos 133 à 140

oût.

75, & 115.

2.

& 116.

.

06 & 117.

.

& 118.

10, 111, 113, 114,

oires en Bibliothèque.

APEN, Libr.-Impr.
it Saint-Michel.

www.ingramcontent.com/pod-product-compliance
Ingram Content Group UK Ltd.
Pitfield, Milton Keynes, MK11 3LW, UK
UKHW020328250726
13967UKWH00004B/1924